人生の最期は自分で決める

60代から考える最期のかたち

大塚 宣夫

ダイヤモンド社

はじめに

現在の日本では生まれた人の大部分が八十歳を超えて長生きするようになり、人類の長年の夢であった不老長寿のうちの半分の部分については叶いつつあります。死が日常から遠い存在になってきたといってもいいかもしれません。それもあってか不思議なことに、私自身も含めて、人は自分が年をとり、やがて死ぬ日が来るということに実感が持てません。現在七十歳の人は十年後には八十歳、そして二十年以内にその半数以上が死を迎えるというのが現実ですが、理屈ではわかっていても、どうしても自分のこととしてイメージ出来ないのです。受け止められないといってもいいかもしれません。

また、誰にとっても高齢になること、死ぬということは経験したことのない未知の世界です。一方、我々は、高齢者が人口の三〜四割を占めるという人類史上例のない社会に直面しています。そこではいったい何が起きるのでしょうか。考えようによっては不安に満ちているといってもいいでしょう。

私は過去三十年余りにわたり、老人病院の現場にあって一万人以上の高齢者にかかわり、そして六千人以上のその方々の最期をみてきました。そこでわかったことは、長生きの過程で何が起き、死に至るまでにはどんなことが待ち受けているかを知り、それに備えれば避けられる不幸が結構あるということです。

人生こそは「終わり良ければすべて良し」の世界、人生の終わりに近づいた時、こんなはずではなかったとならないために本書が少しでも役に立つことを願ってやみません。

人生の最期は自分で決める 60代から考える最期のかたち

目次

第二章　自分で出来るしあわせな晩年への備え　

第四章

認知症を恐れるのはむだ 対応次第で困難は軽減できる

最終章 最晩年を豊かに 159

第一章

定年後に起きること

死ぬのも大変な時代

定年から老後を始めると最終章まで30年？
どこまで行っても人生は楽ではない。

狂う人生設計

寿命がきたらある日ポックリ死にたい、まあポックリとまではいかなくとも、最後の二～三ヵ月は他人の世話になって、自分がしあわせと思うかたちで死にたい、家族にも、しあわせに死なせてやったという満足を残してやりたいと思う。私は、自分自身も含めてそう思います。

その一方で、三十年間老人病院を運営し、五千人以上の人生の最期にかかわってきた経験から、そうは問屋が卸さないのが、厳しい現実であることもだんだんわかってきました。

「老後の生活に不安を感じていませんか」「老後のことを考えると気が重くなりませんか」と問われて、きっぱり「ノー」と答えられる人はどれくらいいるでしょうか。思うに、あまり多くはないはずです。むしろ、ほとんどいないといったほうがいいのかもしれません。年金はちゃんともらえるか、ボケたり寝たきりになったりはしないか、そうなったら誰が世話をしてくれるのか。さらには自分はどこでどんなかたちで最期を迎えるのだろうか、痛かったり、苦しかったり、惨めだったりしないだろうか…自分の老後というより先のことを考え始めたら、不安の種が次から次へと湧いてきて夜も眠れなくなってしまうという人も少なくないでしょう。

老後はいくつから？

ところで、年とってのちを指す「老後」という言葉は昔からあるようですが、その言葉がイメージする実年齢は昔とはずいぶん変わりました。信じられないかもしれませんが、今から六十年くらい前までは、日本人の平均寿命は五十歳台で、その頃まではオギャーと生まれた日本人百人のうち八十歳まで生きるのはわずか二十人ほどでした。それが現在ではなんと八割が八十歳まで生きる時代、つまり人によっては人生の三分の一が老後になりかねない時代がやってきたのです。

そしてこの長い道のりは人によりさまざまで、おおむね皆さんが考えているほど単純でもなければ、平坦でもありません。社会の仕組みが変わったり、医療や介護の技術が進歩したがゆえにかえって事が複雑になったきらいさえあります。かといって必要以上に恐れるのも馬鹿げたことといわざるを得ません。

ここは一つ、この先に起きる可能性の高いこと、すなわち現実をしっかり見つめることから始めることです。不安の正体が見えたら、その対策も必ず見つかるはず、せめて覚悟くらいはできるはずですから。

旅立ちまでの三つのステージ

だいたい老人を六十五歳からというのは誰が決めたのでしょうか。歴史をひもとくと、今から百年以上前、ドイツ（当時のプロイセン帝国）の有名な宰相ビスマルクの時に初めて年金制度なるものが生まれ、その支給開始年齢が六十五歳とされ、それをもって老人としての線引きが始まったようです。

でも先にも述べたように、当時は人生五十年の時代、人の老い方は今とは雲泥の差、感覚的には少なくとも十年程度は遅くなっているはずです。ですから、個人的な感想としてこんなに早く社会の第一線から退かせ、社会の庇護の下におき、甘やかしていいのか、と思うくらいです。

こんな事情もあって一口に老後といっても、その姿、かたちは実にさまざまで、私の経験からすると大きく三つのステージに分けられるように思います。

その第一ステージは、今や老後と呼ぶべきではない時期、平均的には六十五歳から七十五歳までの十年間くらいで、社会での仕事や役割も一区切りつけ、体力的な衰えは感じるものの、さてこれからが自分の自由な時間が始まるといった時期でしょうか。

第二ステージはそれに続く五～十年。あらゆる面での衰えが自他ともに感じられるようになり、人間の体もそれまでとは大きく変わる時期であり、人によってはそこからは周囲からの助けなくしては、日頃の生活にも差し障りが出てきたり、体の不自由さや、認知症の進行、それにともなう介護の問題が身近になってくる時期です。

そして第三ステージは人生の最終楽章ともいうべき、まさに日が沈まんとする時期であり、自分にとっても家族にとっても先が見えてきて、どのように最期の瞬間を迎えるかこそが関心事となる時期でしょうか。

年をとるとこんなことに…

65歳は老後ではない。
かといって80歳から考えても遅い。

サラリーマン男性の第一ステージ——毎日が日曜日

では老後の第一ステージから見てみましょう。

私は都会暮らしゆえ、周囲で最も目につくのは、いわゆるサラリーマンに代表される、組織の一員として働いていた人の生活の変化です。六十歳代の半ばにはそれまでの勤めを定年退職、子どもも成人して手を離れ、それまであまり手にしたことのないまとまったお金も手にし、体もそれなりに元気で仲間もいる。そこで、ここぞとばかりに旅行やゴルフ、釣、山歩き等、趣味に明け暮れる生活に突入する。まさに夢見ていた「バラ色の人生」の生活が始まるようです。この時期の友人に会うと、みんな活き活きしており、おまえも早く仕事なんかやめちゃって仲間に加われというのが常套句で私からすればうらやましい限りです。

でも、です。

でもこの時期のしあわせ感もそう長続きはしない、まずこの手の生活も結構大変なことがわかってくるのです。精神的にも肉体的にもです。

少し気合を入れてやればすぐ上達すると考えていたゴルフや趣味も思い描いていたような展開にはならず、よくて人並みで同じことの繰り返し。仲間との会話にもまたか！といった思いが強くなり、今の世の中は…、今の若い者は…等といろいろ講釈したり、吠えたりしてみても、周囲から軽く聞き流されて、おしまい。これはなんなのでしょうか。

加えて仕事から離れた途端に失い始めるものもたくさんあるのです。まずは収入や社会的地位、肩書き、名声を失うことです。収入が減ったからといって明日からの生活が苦しくなるわけでもないのに、それだけでまちがいなく元気がなくなり、縮み思考になるから不思議です。さらに自分がいなくても世の中、何事もなかったかのように動いていく。これらは、特に男性にとって大変なショックでしょう。

それだけではありません。人間関係です。仕事を通じて出来た関係の大部分は退職するとともに失われますが、親しい友であったとしても、お互いの体力や気力の低下から交流は疎かになり、特にショックなのは先輩や同年代の友人、さらには自分の兄弟や伴侶、悪くすれば子ども等、年齢の順番を飛び越えての死すら始まることです。

男性にとって一番応えるのは、家庭内でのあつかわれ方の変化のようです。当初はやさしかった奥さんも、半年もしないうち態度が変わり、客人あつかいから居候あつかいとなり、「ともかくどこかに出かけてよ」と相成るのです。

そうこうしているうちに七十歳を過ぎ、ここからはもっと個人的な生活上の問題が発生し始めるのです。まあ一言でいえば、自分で心がけない限り、社会でも家庭でもいてもいなくてもいい存在になる時期、あるいはなまじっか元気でチョロチョロしているだけに目障りな存在になる時期といったところでしょうか。

女性や定年のない人のステージ

サラリーマンに比べると自営業をはじめ、定年のない仕事や立場についている人や女性の場合はずいぶん様子がちがいます。なんといっても定年ほど急激な生活の変化は起きません。体力、精神力が続く限りやることもあれば役にも立ち、同じような生活が続くというのが現実ですし、急に毎日が日曜日なんて生活は来ないのでしょう。

自営業の場合は、その主役を次世代に譲ったとしても、やることもあれば役にも立つ。いわゆる自由業や芸術家、職人を思い浮かべていただけばすぐわかりますね。

女性の場合も確かに、子どもが巣立つと愛情を注ぐ相手を失い、子育てに追われていた頃の充実感が得られなくなります。年齢による肌の衰えも深刻です。けれど、女性のほうがこの年齢になっても日常生活のなかで役割も自分の居場所もしっかりありますし、地域社会でヨコの関係も持っているので、男性に比べて老後の生活の変化は少ないばかりか、新しい楽しみを見つける人も少なくありません。

この男性と女性の間での失われるものの差が大きいがゆえに厄介な問題も出てきます。妻が友だち同士で旅行に行こうとしても夫が留守番一つ出来ない。あげくのはてに離婚話が持ち上がるということさえ…。かつてはささいな口げんかで済んだことも深刻な問題になりかねません。

さて、その先に来るのがお待ちかねの介護の話、他人の世話なしには毎日の生活が成り立たなくなる時期、ということになります。

七十代半ばから起きること――第二から第三ステージへ

一般的には七十五歳過ぎあたりから体や精神機能の衰えが目立ってきます。最初はゆっくりと、しかし徐々にスピードを上げて進んでいき、第二ステージに入っていきます。そして、自分の人生を考えるうえで最もままならないのが、老後の第二ステージから最終楽章ともいうべき第三ステージまでの期間なのです。

まず基礎知識としてしっかり持っていただきたいのは、昔よりかなり長くなったとはいえ、人間の体の部品の平均的な耐用年数はせいぜい七十年だということです。メンテナンスが悪ければもっと早くダメになるし、良ければもう少しもっといったところでしょうか。つまり、目はかすみ、耳は遠くなり、関節はすり減り、歯も抜けたり欠けたり、もの忘れもひどくなる等あちこちにほころびが出てきて当たり前、修理不能な故障も次々と発生するのが現実です。

ポンコツの車を思い浮かべてみてください。使わなければサビつくし、使えばあちこちがきしみだし、原因不明で動けなくなることもしばしば。その都度、止めて修理せねばなりません。人間でも耐用年数が過ぎれば同じことが起きるのです。しかしそれを嘆いても事態はいっこうに良くならないのですから、使えるだけマシといった発想で乗り越えるしかありません。

七十五歳からひろがる個人差

そして七十五歳を過ぎると個人差はますますひろがり、人によってはこのかなりのきしみのなかでの毎日となります。動くのが大変だったら横になっていたらいいじゃないかと思いますが、寝ているだけで体のあちこちが痛くなる、それもあって眠れない、テレビを見ようにも目がかすんで疲れる。音楽も聴力が落ちてよく聴こえない。まさに八方塞がりです。

当の本人がかなりつらい状況になります。加えて転倒、転落等のちょっとした事故や病気をきっかけに思いがけないことが次々と起こり、あれよあれよという間に寝たきりや認知症になる。つまり他人の助けなくしては一日たりとも過ごせない状況となります。こうなると身内のがんばりだけではどうにもならず、医療も含めた専門家の手も借りなければなりません。

ピンピンコロリは期待薄

「自分は大丈夫、ポックリ死ぬから」とか、自分の理想はＰＰＫ、つまり「ピンピンしていてある時コロリ」とおっしゃる人がいます。むろん、願望を込めてのことでしょうが、このＰＰＫが叶う人はほんの一握り（せいぜい五パーセント以下の確率でしょう）に過ぎず、それも自分で望んでそうなるわけでもないようです。

余談になりますが人間の心理はほんとうに不思議なものです。どんな高齢になり、また、「やりたいことはやり尽くした」と日頃いっている人といえども、本人がある程度元気だとこの世を離れることにはかなりの未練があるようです。「もうここまで生きたからいつ死んでもいいわね」とおっしゃるので、こちらも調子に乗って、「では、もういつお迎えがきてもいいですか」と問うと、「そうねえあと三年くらいしたらね。だってひ孫が大学を卒業するのを見届けたいのよ！」との答え。翌年に同じ問いをしても、別の理由であと三年となります。いくつになってもあと三年は生きていたいのが人の本音でしょうか。

もう一つ、これは実際にあった話です。地元の老人会主催で毎年のようにポックリ寺として名高い、奈良県の吉田寺《きちでんじ》にバス旅行が行われていました。ところがある年、その旅行から帰って一ヵ月もしないうちに、八十五歳になる参加者の一人がポックリ亡くなりました。翌年からその旅行は参加者なしで中止となったそうです。

まあポックリやＰＰＫ願望というのもこの程度のものです。願いが叶うとしても、宝くじの特賞に当たるようなもの、自分の人生の「最晩年」を考えるうえではなんの足しにもなりません。

しかしながらせっかくですから、この際人々の根強い願望であるＰＰＫの裏側にある不安について改めて考えてみましょう。長生きする人が周囲にあふれ、その先に待っている人生の厳しさを目にする機会が多くなってきたせいでしょうか、「自分はそうはなりたくない」という人も少なくないようです。

第三ステージ——最晩年

「そうなりたくない」理由の第一は家族や身内に人生の最後の部分で迷惑をかけたくないとの思いです。理由の第二は死ぬ前に自分の惨めな姿をさらしたり、痛い思い、苦しくつらい思いをしたくない、こんなふうに考える人も増えてきた証かもしれません。

実際、親や身内の介護で辛酸をなめた人が一様に口にするのは自分がそうなった時は、あの苦労を自分の身内にさせたくない、あるいは自分の親の時には、いわれるがままに延命のための医療もなんとなくやってもらったが、自分の時には絶対にやめて欲しいといったことです。

でも現実には、大部分の人が長生きの末には、病気や障害で寝たきりや認知症になり、家族の世話を受け、さらには絶対受けたくない惨めな、苦しいかたちで延命させられた挙句、ようやく人生を閉じているのです。これがわが国における老後の第三のステージの普通のかたちです。

なぜこんなことになるのでしょうか。答えは簡単です。今まであまりにも自分の老後、特に第二、第三のステージについて成り行き任せ、他人任せであったからにほかなりません。最後の部分を医師の判断に委ねれば、医師は少しでも生物学的な意味での生命を延ばすのが仕事ですからあらゆる手段を使います。また家族といえども、親の命を短くしたり途中で見切るような決断はしたくないからです。

人生こそは終わり良ければすべて良しの世界です。それがゆえにあの世に旅立つまでの二〜三年の期間――私たちはそれを最晩年と名付けましたが――この最晩年こそは豊かでありたいものです。いいかえればそこから逆算して今日から準備を始めればいいのです。

老後を誤らないための
こころ構え

三度の食事とペットの世話が出来る「留守番男」は
自立への第一歩。
常に独立の気概を持って。

留守番の出来る男になろう

人間は周囲との関係のなかで生き、自分の存在を確認しています。誰がなんといおうと、また自分でどんな理屈をつけようと、年齢がいくつであろうと、周囲への役立ちの実感が失われた時には人は輝きを失い、元気でなくなります。社会の第一線を退いた男性を見ればすぐわかります。いくら永年にわたって家族や社会のために粉骨砕身努力してきた人も、だからあとは自由気ままにとばかりに家にいて自分のためだけに行動するようになったら、ただのオッサンです。人間はほんとうに忘れやすい動物で過去の貢献や栄光はどこへやら、半年もしないうちに家族にも邪魔にされる存在になり下がり、時には存在自体が嫌がられるようになります。まさに男の危機です。

ここで発想の転換です。早い話がもう一度、社会に出て働いてお金を稼いでくるか、あるいは家庭内で家族の役に立つ存在になるかをすればいいのです。六十五歳過ぎて改めて社会で稼ぐとなれば、よほどの能力があるかプライドを捨てなければ出来ない相談です。となれば家庭内や身近なところで役立つ存在になるのが最も現実的でより近道ということになります。

そこでまず、留守番が出来る男になることをめざすことから始めるのです。

要は、留守番が出来ればいいわけですから、掃除、洗濯はこの際お許し願って、三度のメシだけは自分で賄う。賄うといっても、料理をしなければいけないというわけではありません。近所のコンビニで弁当を買ってきてもいいし、ファミレスで腹を満たしてもいい。要するに、女房殿や周囲の人の手を煩わせなければいいわけです。

それとペットの世話、これは留守番の大事な仕事です。女房殿は自分の築いた仲間と連れ立ってあちこちに出かけます。その留守を預かってくれるようになれば感謝されること必定です。ペットに餌をやり、糞尿を処理する。そして、一日一回か二回は散歩に連れていく。

犬を散歩に連れだすと近所の人と顔を合わせるから嫌だ、いちいち挨拶するのが面倒くさい、というその考えを改める必要があります。地域というヨコの関係社会へのデビューのチャンスです。

三度の食事とペットの世話。これさえ出来るようになったら、立派な「留守番男」の誕生です。

これをスタートとして、やがて掃除、洗濯、家事全般のできる「自活男」「主夫」へと変身出来れば、重宝がられることこのうえなし、当の本人にもまちがいなく輝きと元気が戻ってくるから不思議です。

もう一つ驚くべき効用があります。妻に先立たれた高齢男性は、その大部分は二年以内に後を追うように亡くなりますが、家事の出来る男性はこの危機をそれなりに生き延び、その分ＰＰＫの可能性が高くなるようです。

もっとひろがる役立ちの道

その気になれば周辺にはいくらでも役に立つ道はあります。まずは孫の世話です。次世代は子育てにとても苦労しています。若い夫婦が共働きの場合には保育園への送り迎え、学童あるいは学校が休みの間の親が帰ってくるまでの留守番が出来ればいくらでも重宝され、必要不可欠な存在になれること請け合いです。孫の住む場所と一〜二時間離れていたとしても、定期券を買って毎日通勤すれば済むことです。唯一の留意点は親が戻ってきたら長居しないでさっさと引き上げることでしょうか。

若い世代は子育ては親に任せて働く。孫育ては定年を迎えた世代の最大の役割と社会全体が認めるようになれば一石三鳥です。こうなれば世の中は活性化し、良きしつけや文化も受け継がれ、もっと全体として豊かになることはまちがいないと思うのですがいかがでしょうか（最近は育爺という名称とともに広まりつつあるようですね）。

ついでながら、その他のさらなる役立ちの道もあります。これは私の提案ですが、街のなかあちこちにベンチを置き、そこに高齢者を配置することで通学する学童の見守りや町内の監視の目として使い、犯罪防止に貢献してもらう、なんていうのはどうでしょうか。近所の人との交流も深まり、子どもたちからも慕われる可能性すらあります。この場合のポイントはともかく地域社会からの期待を役割として与え、雨の日も風の日も、そして暑い日も寒い日もやってもらうことです。そのかわり、少なくてもいいから社会として必ず日当をしっかり払うことです。少々の日当を払ったとしてもデイケアよりずっと効率的であり、時々町内を巡回してもらえばリハビリ効果も満点でしょう。
これまた一石二鳥です。

一人暮らし、大いに結構

この延長線上にあるのが一人暮らしです。高齢になると、あちこちが痛む、すぐ疲れる、何をするのもおっくうということもあって、出来れば誰かにお世話してもらいたい、何かとかまってもらいたいと思うのは人情でしょう。でもこれぞ自分の老化を加速する最短コースです。その対極にあるのが一人暮らしというわけです。

絶えざる緊張を強いられ、少々体調が悪くても自分で動かなければ一日が過ぎない環境は、一見酷なようですが、これが老化防止、ひいては皆さんの恐れる認知症の進行を防ぐ特効薬です。

周囲の人はドキドキハラハラ、火事を出すのではないかと家族に同居を求める近隣の人が続出します。本人がかわいそうといいますが、本音は目障りなだけなのです。周囲の人が心配するような事態は滅多に起きません。もっとも、社会はなかなかそう見てくれませんが。

よけいなお世話が認知症をつくる

足腰がおぼつかなくて身動きも不自由になった高齢者が一人で暮らすことをかわいそうと感じたり、危険、急に病気になったらどうしよう等の心配から、ある時期になると家族は同居を考えます。

しかし、家族と一緒に暮らし始めた人は、これまでやってきた生活のもろもろの事柄を自分では何もやらなくなります。というより、させてもらえなくなります。その結果として急激にやる気を失い、同居前は出来たことも出来なくなり、家庭のなかで手のかかる存在、もっとはっきりいえば、認知症になるか足腰が立たなくなるかになってしまいます。

そういう存在に家族がしてしまうわけです。

ところがそうなってしまうと、家族のほうが今度は自分の生活との折り合いがつかなくなって対応に困る。それなりには元気だと思って同居したのに、「何もできないから、介護が大変」ということになります。本人が頼んだわけでもないのによけいな世話をやき、結局、何も出来ない存在にしてしまう。同居した途端に物忘れもひどくなり、すぐ寝たきりになってしまった…こういうケースがいくらでもあります。

認知症でも一人暮らしは出来る

私は、これまでたくさんのボケの人を見てきて、かなりの認知症があっても、死なない程度の生活は独りでも可能だと知りました。もちろん、元気な頃の生活とはちがい、食事も一日に一～二回しか取らない、ご飯は食べているようだが風呂には入っていないとか、部屋の中が乱雑だとか、夜になっても灯《あかり》がつかないことはあります。しかし、火事を出すわけでもなく、近所に迷惑をかけるわけでもない。がんばれるだけがんばれば、相当な期間にわたって一人暮らしを維持できるのです。

この誰にも頼らない高齢者の一人暮らしこそは、もっと社会的に高く評価されるべきではないかと思います。

「孤独死」をもっと評価しよう！

近年、孤独死なる言葉がマスメディアに頻繁に登場します。扱いはどれも社会や国が悪いからこんなことが増えるのだといった調子です。しかし現代社会は周囲の目を気にせずに自由な生活がしたいと都会に出てきて、誰にも気兼ねしなくて済む一人での生活を良しとしてきました。ところが年をとり死ぬ瞬間になると突然それはかわいそうと相反することをいい出すのです。

だいたい「孤独死」なる言葉そのものが極めてケシカランのです。人は必ず誰かの見ているところで、他人に手を取ってもらって旅立つべきだという価値観の押しつけにほかならないからです。どの程度真実かは別にして、動物の世界では自分の最期を悟ると群れから離れて仲間のいないところで死を迎えるともいうではありませんか。

自分の親であれ、隣り近所の住民であれ、誰も見ていないところで、高齢者がある日ポックリ死んでいた、ということがそんなに困ることでしょうか。もっともほんとうに困るのは本人ではなく、周囲の人なのでしょう。一人でいつの間にか死んでいたとなると世間体が悪いとか、あとの手続きが大変とか…。

しかし「自分の持てるものを総動員して自活し、ある日、誰に迷惑をかけるともなく静かに逝く」、これぞ多くの人が描く理想の人生の閉じ方の一つでしょう。

ある程度の年齢になれば、いつどんなかたちで死んでもいい。本人が助けてくれといわない限り、お節介は無用。周囲がそういう覚悟をすれば、一人暮らしの高齢者はもっと思いきり生きることができます。

社会の仕組みとして家族や周囲の人がある程度定期的に訪問して会話したり、状態を観察することは必要でしょうが、一人暮らしやその延長線上にある「孤独死」は最後まで極力他人に頼らない生き方として社会的にもっともっと高く評価されるべきだと私は思います。

第二章

自分で出来る
しあわせな晩年への備え

崩壊する日本的介護環境

親には親の、子には子の生活がある。
子どもに面倒をみさせる親は人間だけ。

子が親をみるのは当たり前なの？

ポックリ死ぬのは難しい、人知れず逝くのも世間が許さないとなると、ほとんどの人は長生きをするにつれて認知症になったり、寝たきりになって、誰かの助けがなければ生活出来ない、いわゆる要介護状態になります。要介護状態が長いか短いかは、個人差がありますが、いずれにしても人生の最晩年を迎えたら、ほとんどの人は他人のお世話にならざるを得ません。聞きたくもない話かもしれませんがこれが現実です。

さて問題は、その時に誰に面倒をみてもらうかです。最初に思い浮かぶのは、身内でしょう。

ではまず、配偶者はあてになるのでしょうか。

人生六十年の頃はたとえば脳卒中で倒れ寝たきりになったとしても、その配偶者もまだ五十代後半でした、それが今や八十歳代でとなると配偶者も八十歳代。よしんば健在であったとしても、肉体的に衰えた配偶者に介護という激務が務まるかどうかです。いわゆる老々介護に疲れ果てて自殺したり無理心中したりする人が少なくないのを見れば、それがいかに大きな負担を強いるものであるか、容易に想像がつくと思います。

次の世代である息子や娘はどうでしょうか。

子どもとして、親の面倒をみたいのはやまやまですが、まだまだ社会人として忙しい毎日を送り時間的余裕がないのが普通です。加えて昔とちがって次の世代だってこの頃にはもう還暦前後、体のあちこちにそろそろガタが来だしているのです。さらに悪いことには、この年代の子どもは、自分の孫の世話に手がかかり始めるのです。となると親の介護より孫の世話のほうがずっと楽しい。ここでもまた、昔とは違う高齢化による別の問題が待ち受けています。

まあ、このような事情はあるにせよ、一時的には妻、あるいは夫がなんとか世話しようとするでしょうし、息子や娘が駆けつけて間に合わせることが出来るかもしれません。

しかし、病気が長引いたり自分で身のまわりの始末が出来なくなったりしたらどうでしょう。私が見聞きする範囲でいうと、病気が長引けば長引くほど、「いつまで看護しなければならないのだろうか」、「このままでは自分の生活が破綻する」と、家族には葛藤が生じるようになります。それが昂じると無意識のうちに「いっそのこと死んでくれたほうが…」という気持ちにもなりかねません。

子どもがそんな気持ちになった時、それを「親不孝」の一言で非難するのは簡単です。また「誰のおかげで大きくなったと思っているのか。親の世話をするのは子の務めだろう。それを早く死んでくれとは何ごとか！」と怒りたくなる親御さんの気持ちもわかります。儒教の教えにしたがえば、親孝行はたしかに最高の美徳の一つではあるでしょう。しかし、儒教がことさら親孝行を強調するのは、人間にはもともと孝行のこころが希薄であることの裏返しではないかとも考えられます。

また今の時代、親を自分の手で長年にわたって介護し続け看取るなどは本や映画になるほどの苦労と涙の世界、並の人には難しいと考えたほうがよさそうです。

親の面倒をみる動物はいない

人間の社会に起きる難問に直面し、迷った時には進化してきた元の姿、動物の世界にその解を求めるべきというのが私の持論です。そこで、親の介護についてもその解決のヒントを動物の世界に求めてみましょう。

動物の世界では親の介護はどうなっているのかというと、ズバリ！子が親を養ったり介護したりすることはありません。

年老いて動けなくなった親にせっせと餌を運ぶライオンがいるでしょうか。イヌやネコがいるでしょうか。そんな動物あるいは生物がいるという話など、あまり聞いたことがありません。親は自分の子を産み、育てるところまでは身を賭してもやります。つまり子育ては自分の種の維持に不可欠な行動として本能のなかに組み込まれているのではないかと思われます。しかし一人立ちしたあとは子どもにその見返りを求めようとはしません。生殖と子育てが終わったらまもなく死ぬ、少なくとも自分の命を保つために必要な食料や水分を自分で摂れなくなったら、そこで一生を終えるのが常であり、それが自然の摂理なのです。

ところが人間の場合、発達した知能を使って周囲の環境や自分自身をコントロールする術を編みだし、次世代を産み育てたあとも長生きするようになったのです。そして最近はその時間がどんどん長くなっています。

長生きするようになった人間は知恵を絞って、体力や知力が落ち自分で自分の食べ物を得られなくなっても、他の力、つまり、主に次の世代を駆使して生き続けられる仕組みを編みだしたのです。子どもや身内の元気な者、さらには他の者に餌を取らせ口まで運ばせ、身のまわりの世話までさせるという方法です。

ところがこのようになったのはたかだかここ二千～三千年のこと、生物の歴史から見ればごく最近のことにすぎず、まだ本能のレベルにまでは組み込まれていないと見るべきです。ということは、放置すれば人間といえども親の面倒などみようとはしないといっても過言ではありません。

少なくとも親の面倒をみることに特別の衝動や心地良さはともなわないこと

は確かのようです。

子どもに親の面倒をみさせる方法を考えた人間

この動物の世界の摂理に反する「子どもに親の面倒をみさせる方法」を、なんとか仕組みにすることは出来ないかと懸命に考えた末に西欧が辿りついたのが社会保障制度です。つまり社会全体でお金を出しあい高齢者の面倒をみる仕組みです。

それに対して日本では、儒教思想に基づく教育により、あるいは社会の締めつけとして、年老いた親を看取るのは、次の世代の最も基本的な義務とすることでその解決を図ろうとしてきました。どちらも共通しているのは、次の世代をあてにしていることです。

しかしながら、家族や家庭をあてにした日本的介護の方式は、昭和四十年代の終わりあたりから急速にその機能を失ってきました。

第一に、なんといっても太平洋戦争で敗けて、儒教的な価値観が否定され、アメリカ的な個人主義、というよりも利己主義が幅を利かすようになりました。もともと動物としての本能にはないことを、教育による刷り込みと社会の締めつけでようやく保たれてきた社会の仕組みです。それがなくなれば次世代が親をみようとしなくなるのは当然のことでしょう。

第二に、日本経済の高度成長期を経て、長生きして他人の助けを必要とする人がやたらと増える一方で、生まれてくる子どもの数が減って核家族化が進み、身内で面倒をみるのがだんだん難しくなってきました。

第三に、家庭での介護の力が低下しだしたことです。昔とちがって八十歳で夫が倒れればその妻も七十歳代の後半で、一人では支えきれないのです。加えて嫁や娘も社会で働き、親の介護どころではないといった具合です。

経済成長が前提だった社会保障制度

このような社会や価値観の変化を受けるかたちで、代わってわが国にも登場してきたのが西欧的な社会保障制度です。つまり、家族が面倒をみられないのであれば、みんなでお金を出しあい、仕組みをつくって面倒みましょうというものです。

折りしも日本経済も絶好調でしたから、それがいつまでも続くことを前提に、年金、医療、介護の仕組みがつくられ、今日に至っています。

年老いてから、というよりも社会の第一線を退く六十五歳あたりからは、年金によって生活の面倒はみましょう、医療も介護もできるだけ少ない負担、出来ればほとんどタダで、社会が面倒をみましょうということになってきたのです。

社会の第一線を退き、収入がなくなる不安を抱える高齢者にはとても嬉しく、誰もが乗りやすい話、特に政治家はこぞって年金、医療、福祉の充実を公約に掲げ、その程度を競うことで選挙を勝ち抜こうとしてきました。

役所とて同じです。高齢者の医療・福祉の充実といえば誰も反対しないのをいいことに、というよりそれに便乗するかたちで自分たちの仕切れるお金と権限をどんどん膨らませてきました。そして今日、予想に反してというよりも予想通りに、高齢社会はこれからが本番というのに早くも日本の社会保障制度はパンク寸前になっているのです。

老後への備え

「家で最期を迎えたい」、
これがまちがいのもと。
在宅はそんなに望ましいことか。

家族による介護の幻想

儒教思想衰えたりとはいえ、日本の社会では年老いて介護が必要になったら住みなれた家で家族による介護を受け人生を終わりたいと考える人が多く、家族もそれが高齢者本人にとってベストと思っている人が少なくないようです。

まだまだ、家族による介護に対して、するほうもされるほうも夢があります。

高齢者やその予備軍に「あなたが介護を必要とするような状態になった時、自宅と施設ではどちらがいいですか」とアンケート調査をすると、大多数の人が「施設は嫌だ、在宅介護を望む」と答えが返ってきます。「知らない場所に行って知らない人と一緒に暮らし、知らない人にお世話してもらって人生を終えるのと、住みなれた場所で家族と一緒に暮らし、家族に面倒みてもらって一生を終えるのではどちらがいいですか」と問われれば答えは決まっています。若い時代ならいざ知らず、環境に適応する能力も低下し、住まいが変わることに恐怖心さえ持っている高齢者ともなれば、ほとんど例外なく「環境が変わるのは不安だ、自分の家がいい。最期は自分の家で迎えたい」と願います。もし施設のほうがよいと答える人がいれば、それはよほどの事情通か変人といってもいいほどでしょう。

親思いが悲劇を生む

しかし私にいわせればこれがまちがいのもとであり、ここから数々の悲劇が生まれているといっても過言ではありません。

まちがいの第一は、多くの人が高齢者の介護の仕事量を深く考えず、片手間に出来るととらえているフシさえあることです。家族としての愛情と絆があればやれないはずがない…と。ところが現実は厳しく、膨大な人手と時間、つまり膨大な体力と精神力が不可欠なのです。

まず、いったん始まるといつまで続くかわからないことです。

初めのうちは、少しの手助けでよくても、時間とともにどんどん手がかかるようになり、やがて極端にいえば二十四時間、三百六十五日、目が離せなくなるケースも少なくありません。家庭で介護するとなると、それに専門に取り組む人手が少なくとも二人以上要ることを知るべきでしょう。

さもないと真面目な家族ほど精神的、肉体的疲労から、やさしい気持ちなどどこへやら、時には追いつめられた気持ちから虐待、殺人、心中など思わぬ方向に発展するのです。

まちがいの第二は、介護は特別の技術や知識を必要とせずやさしい気持ちさえあれば、誰にでも出来ると考えられていることです。私の見るところ、食事や入浴に始まり、体の位置を変える、着替えをする等に際しての介助を含めた介護こそは、技術、知識の集大成であり、やさしい気持ちは不可欠ですが、それだけではうまくいきません。

つまり見よう見まねでやっても、労多くして益少なし。何よりも介護される側にとっても苦痛の多い介護になってしまうこと請け合いです。

私どもの施設でも今まで多くの介護実習生を受け入れてきましたが、介護される側にとっては、介護という点だけを見れば素人にやってもらうとなると最初の一週間くらいは迷惑以外の何ものでもありませんでした。体を起こす、位置を変える、食事の介助をする、排泄の世話をする…いずれも簡単そうに見えて、すべてにコツがあります。さらに道具等を持たずに介護をすれば、するほうには負担が大きく、されるほうには不安と苦痛が増すことは避けられません。

第三の難しさは、双方の甘えです。

初めのうちは介護するほうも非常事態ということで懸命ですし、されるほうも、してもらうだけで申し訳ないと思いますが、時間が経つにつれ、慣れてくるにつれ、双方の気持ちに変化が生じます。

まず介護をする側がこの程度のことは自分でやってよとか、もう少し我慢してくれたっていいじゃないから始まり、もういい加減にしてよ、私だって他にやることはたくさんあるんだからとなります。その気持ちは介護を受ける側にも伝わり、この程度のことはやってくれてもいいんじゃない、親をなんだと思っているんだ！とエスカレートしていくようです。

併せてもう一つ、特に認知症などをともなう場合、子どもは、自分の持つ親のイメージが日に日に崩れていく姿を目の当たりにすることになります。こうなると大変。子どもは親のその変化に耐えられず、動揺のあまり親を叱責したり、厳しい態度に出たりします。親への思いが強いほどこの傾向が強いので始末が悪いのです。

アカの他人であれば双方ある程度割り切り、相手への期待にも歯止めがかかります。しかし身内だとそうはいきません。つまり介護についていえば、身内であること、家族であることが大きなハンディキャップといってもいいほどです。

「わが親を人に預けてボランティア」という川柳があります。

私にいわせれば、これこそ介護の神髄をとらえた名句です。自分の親の面倒はみられないけれど、他人の親ならうまくみることができる、これはほんとうです。互いに他人の関係だと思うと、過剰な期待感を抱かずに済むからです。この、同じことでも他人にしてもらうとありがたさが増すという人間の心理を利用しない手はありません。

介護という人生の難題に立ち向かうのにワンクッションを入れる。身内の世話は他人に頼むほうが、双方にしあわせなのです。

介護保険の登場とその成果

この家族による在宅介護の苦労を肩代わり、あるいは抜本的に軽減し、また要介護高齢者にかかる介護や医療費の急増を抑える切り札として登場したのが国による介護保険制度の開始であり、その制度のもとでの在宅医療の拡充でした。

二〇〇〇年のスタート以来十年余、その成果ならびに将来性はどうでしょうか。

在宅で介護を受けている高齢者のもとには介護ヘルパーの派遣や訪問医療、看護、リハビリ等いろいろな支援の手が差し伸べられるようになりました。しかし第一の目的であった在宅介護をめぐる家族の負担が大幅に軽減されたかというとかなり疑問です。

その大きな理由は、日本の在宅介護等のサービスが家族や身内の同居を前提に組み立てられており、全体の仕切り役は依然として家族に委ねられているからです。

また、第二の目的である介護や老人医療費の低減を図るはずの在宅介護推進が、費用の割には成果が少ないことが明らかになってきたことです。

理由は簡単、その第一は同じ内容のスパゲッティを出張料理で食べるのとファミレスで食べるのとどちらが費用がかさむかと同じ理屈です。

在宅介護は言うなれば調理人が客の家に調理器具、食材持参で出かけていってつくるようなもの、もう一方の施設介護はファミレスに食べに行くようなもの、どちらが割高かは一目瞭然でしょう。

また、在宅介護のサービスにかかる費用のわずか十パーセントを払えば利用できる仕組みにしてしまったので、利用する側は頼む時のコスト意識を持たなくなってしまいました。

その結果、需要が、予想していたより大幅に膨らんだことです。そのため、介護保険の掛け金はどんどん引き上げられ、早くも納める側の我慢は限界にきています。その一方、介護保険によるサービスの利用にあたっては厳しい条件が次々とついて、今やとても使い勝手の悪いものになっているのです。

このまま進めば介護保険も医療保険もあと十年とはもたないでしょう。消費税で賄うなら三十パーセント超は避けられず、国もここ数年のうちに在宅介護中心の方針を変更せざるを得ないと思います。残された道は利用者の負担を大幅に増やしたかたちでの在宅介護か、施設介護かです。

在宅介護はそんなに望ましいものなのか

それにしても、介護保険のめざす在宅介護そのものがそんなに望ましいことなのか、私には根本的なところで疑問があります。

ヨーロッパの在宅介護の仕組みは、高齢者が一人あるいは夫婦で暮らしていることが基本になっています。一日の大半を夫婦あるいは一人だけで過ごしている、身動きできなくなった人のところへ毎日誰かがやってきて世話をする、というのがヨーロッパの在宅介護です。終末期に近くになっても外部からの看護・介護の人が来る四～五時間以外は一人で過ごし、一人で死んでいくのを良しとする社会です。

一方日本の介護保険制度がめざす在宅介護の仕組みは、家族や身内が同居している、あるいは誰かが手伝うことを前提にしています。看護師やヘルパーが定期的に訪問して身のまわりを世話してくれるといっても一日二十四時間、三百六十五日ずっとそばに付き添ってくれるわけではありません。訪問時以外は誰かが世話をしなければなりません。体の状態に変化があった時にどうするかといった判断や、手配はつまるところは家族がやるわけですから、家族の精神的肉体的負担が大幅に減るわけではありません。

さらに悪いことに、日本人の感覚からすると、医師も含めて看護、介護のためとはいえ他人を自分の家に入れるとなると、その前に家の中を片付けるとか、お茶くらいは出さねばなどと考えてしまいます。ましてや自分がその折、家を空けて任せてしまうことなど大変な抵抗があるのが普通です。その時、一人っ子だったら息子やお嫁さんにその重圧がかかってくる、もし母一人子一人だったら仕事をやめなければならないことにもなりかねないのです。

いったいなんのための、誰のための介護保険による在宅介護の仕組みなのか、考えてしまいます。そして今後、そのあてにしている家族の数も同居率も加速度的に下がっていく。これでも、この仕組みはもつのでしょうか。

デイサービス、ショートステイサービスなぜ人気？

在宅介護を支える介護保険によるサービスで最も人気の高いのはデイサービスとショートステイサービスです。

デイサービスとは週に何日か、日中だけ要介護高齢者を預かってくれる、一言でいえば保育園の高齢者版です。

ショートステイサービスとは、期間（多くは一週間程度）を定めて、施設が宿泊施設に要介護高齢者を預かってくれるサービスです。

この両者に共通しているのは、高齢者を預けている間、家族がお世話から解放され、自分の時間が持てること、こころの余裕を取り戻せることでしょう。また預けられた高齢者にとっても評判は悪くないようです。保育園と同じで、通ううちに施設の側の職員にも馴れ、仲間も増え、生活の幅もひろがるからです。

行政もこの人気ぶりを見てデイサービスやショートステイサービスの拡充に力を入れ始めました。しかしそれぞれに大きな問題も抱えています。

デイサービスの最大の問題点は、一日のうち、せいぜい半日程度しか預からない、見方を変えれば半日は介護の負担も含めお世話が家族の側に残るのに、（利用者の直接の負担はその一割とはいえ）一日当たり一万円を超える費用がかかり、施設に完全に預けるよりはるかに割高なことです。

またショートステイの場合、その都度生活のリズムが変わる、自宅にせよ施設にせよやっと馴れたところで他の場所に移ることが、当の本人に負担になることでしょう。高齢になるほど、この度重なる移動はつらいものになるのではと思ってしまいます。

老後の沙汰こそ金次第

老いは確実に訪れる。
だがその時、お金があれば不便や不都合は回避できる。

頼っていいのは自分のお金

家族を頼りにしてはならない、国の公的な制度も頼りにならないとなったら、最後の頼みの綱はやはり自分の力です。自分に残された力ってなんでしょうか。体力や気力、権力が衰えた時にもまだ残っているものといえば、あなたが今まで築いてきた知恵と財力ということになります。そして今こそそれが最後の頼みの綱というわけです。

現行の制度でも、国が保障している生活と自分が望む生活の間にはかなり大きな差があるはずです。たとえていうならば国が提供してくれるのは全国一律の極めて平均的な配給品、各人の好みとかそれまでの生活水準に合わせたサービスというわけにはいきません。老後はこんなところでこんなふうに過ごしたいなと考えているなら、その差を埋めるためにもお金が必要です。

不都合を解消するお金

もちろん、お金ですべてが解決するわけではありません。お金でしあわせが買えるわけでもありません。

どんなにお金があっても、失われた力や美しさを取り戻すことは出来ず、「老い」を回避することは出来ません。しかし、お金があれば自分が衰えたことによって生じる「不便、不都合」をある程度回避することが出来ます。老後は不便、不都合のカタマリみたいなものです。だから「老後の沙汰こそ金次第」なのです。

若くて元気な時でも、人の世話にならずに生きることは難しい面がありますが、高齢になれば日常の身のまわりの始末も自分一人では出来なくなり、他人に頼らざるを得なくなります。

頼らざるを得なくなった時からがお金の出番というべきでしょうか。ある程度のお金があれば、選択肢もひろがります。気兼ねの度合いもグッと減ります。他人に依頼することも出来ますし、高齢者のための施設に入ることも出来ます。そうすれば高齢者自身もつらい思いをしなくて済むし、家族の負担もずっと軽くなります。それにはお金が必要なのです。

お金の不思議な力

人生の終わりに近づくにつれて他人の世話になることが増えてきますが、そこにも一工夫してお金を介在させると思わぬ世界が開けてきます。一般的にはオレが死んだら財産はすべてお前たちにやるのだからしっかり面倒をみさせて当たり前と発想しがちです。しかし人の心理はそう簡単ではありません。何年か後に入ってくる、それもアテにならない百万円より今日の五千円のほうが魅力的であり、これをうまく利用するのです。

どうしても身内が介護しなければならない状況なら、そこにこの原理を利用して良き関係をつくりましょう。つまり、こまめにお金のやりとりをするわけです。食事の世話はいくら、入浴の介助はいくらと決めてその都度払うか、一ヵ月単位でいくらと決めてまとめて払うか、方法はいくらでもあると思います。いずれにしても、してもらったことにこまめにその対価をきちんと払うのです。

身内同士でお金のやりとりをするなんて…と眉をしかめる方もいらっしゃるかもしれません。しかし、親子関係に限らず、人と人との関係を円満に保とうとするなら、相手の価値を認め、その都度それ相応の代償を払うと割り切るのが一番。お金もその一つなのです。相手に目に見えない借りをつくるから、割り切れない関係になってしまうのです。

「うちの奥さんはおふくろとも仲がいいし、こころのやさしい働き者だから、おふくろが寝たきりになってもきっと介護してくれるだろう」などと甘く考えていたら、思いもよらぬ反乱に遭うかもしれません。

言葉とお金、どちらも必要

年金が少なくてそんなお金はない、という人もいらっしゃるかもしれません。でも、お金がなければないなりに、知恵を総動員すればなんとかなるものです。その努力もせず嘆いてばかりでは、どんなに出来た息子、娘、あるいは嫁であっても、しまいには嫌になって当然です。家族間のことですから、相手の懐具合はよくわかっているわけで、感謝のこころを、また額は小さくてもお金というかたちで表すことが大事なのです。「ありがとう」と言葉をかけるのはこころ、お金はかたち、どちらも必要です。

自分で使えるお金がない高齢者でもあきらめることはありません。言葉と態度でお金の足りない分を穴埋めをしましょう。何かしてもらうごとに「ありがとう」といい、「こんなにしあわせな気分でいられるのも、すべてはあなたのおかげ」と感謝の気持ちを口に出します。人間の最大の特徴は、心底から自分をほめ、評価してくれる人のためには労を惜しまないこと、わが身をも投げだすことです。周囲も、長くそばにいてお世話をしてくれる人にこそ大きな感謝を捧げるべきです。たとえ兄弟で金銭的負担をしているとしても、分担金は出したぞ、とばかり大きな顔をするのは大まちがい。同居して世話をする人の負担はお金では代えがたいほど大きいのです。

人生をしあわせに終えるために使うお金

お金の話はもうわかったという方もいらっしゃるかと思いますが、あとちょっとだけおつき合いください。

総務省家計調査によると、世帯主が六十歳以上の世帯の三分の一が二千五百万円以上の貯蓄を持っているそうです。そういえばそれを実感させるような事件が次々と起きていますね。息子の緊急事態と見るや巨額のお金が突然出てきたり、うまい投資話にまんまとだまし取られたり…と。また、七十歳を超えても年間を通じて働き、給与所得を得ている人が百四十万人近くいます。もちろん、平均してのことであり、個人差が極めて大きいことは認めるとしても、この数字は、現代の高齢者の多くはけっして若い世代に比して貧しいわけではなく、それなりに生活することが可能であることを示しています。

それでもなお、国に面倒をみてもらおうと考えるのは、なぜなのでしょうか？

今の高齢者の考え方には不思議なことがいろいろあります。

まず第一に、世間の多くの高齢者は、自分の老後の費用は年金の範囲内で収めたいと考えているフシがあります。しかしこれは考えてみれば不思議な話です。人間の一生には収入の多い時期、少ない時期があるのは誰でも知っていることです。病気や年老いて収入が減るような事態に備えて、人は預貯金をしたり、不動産や種々のかたちにして備えるのが普通です。

ところが年をとって第一線を退き、収入が年金だけとなると、その範囲内で最後までヤリクリ出来ないかと考えてしまう。そして年金が少ないと文句をいう。今まで財産として残してきた分はどうなったのでしょうか。

財産は、残すより使う

第二に、今の高齢者世代は、戦後の荒廃のなかから大変な苦労をして日本を復興させたのだから、老後ぐらいは国に面倒みてもらって当たり前という主張もよく耳にします。

でも、です。

あなたの苦労はあなたの建てた家や土地の値上がりで、かなりの部分、経済的には報われているのではないですか。この分は誰に所属し誰が使うのでしょうか。

第三に、年金にしてもこれは自分たちが国や会社に積み立てた分だからそれをもらって何が悪いと思っている人が大部分です。しかしそれは大いなる誤解です。確かに年金用にと天引きされたり、窓口に納めたりした分はありますが、それだけでは受け取っているあるいは受け取る予定の年金の半分にも満たないのです。不足する分は結局は借金と次世代へのツケまわしで賄なわれているにほかなりません。

以上を要約すると、七十五歳になったら自分の資産をすべて国に差しだすから、国よ、この先は全部面倒をみてくれというのならわかります。ところが、国には差しだしたくない、国に預けるのは心配—あのあまりにも非効率なお金の使い方、さらには国家財政がパンクしそうな状況を見るにつけ、私もそう思いますが—といいながら、自分の資産は使わずに国に依存しようとするのは理屈が通らないのではないでしょうか。

考えてもご覧なさい。国は自分で富を生みだし、それを国民に配分してくれるわけではない。今や国はしっかり自分たちの手数料は確保したうえで次の世代をアテにして借金しまくっているだけの存在なのですから。

ここは発想を変えて次の世代の世話にはならない、その代わり、子どもの世代に自分の財産を残そうなどと考えずに、自分のつくった財産のすべては自分で使って、自分の人生を生ききる、子どもたちには「自分のことは自分でする。その代わり財産はアテにするな」と宣言したいものです。

これでずいぶん問題はすっきりします。

国にも次世代にも面倒をみてもらわないことを前提に将来を考えれば、新しい仕組みをつくることが出来るのではないかと思います。

この原理にしたがって自分の人生設計をすれば、いろいろな難問の解決法が見えてきます。

現実には多少なりともお金を残して死ぬ人のほうがはるかに多いのですから、考えるほどお金は使えないのかもしれません。「目いっぱい使ってから死のう」と思うくらいで、ちょうどいいのだと思います。

在宅介護はどこまでやるか

「家がいい」もホンネ、「施設がいい」もホンネ。
求められる社会インフラ。

高齢者がほんとうに望んでいる場所

さて話を元に戻しましょう。

世論調査によれば、自分が年老いて介護が必要になり、さらには最期を迎えるとなったら、どこがいいですかと問われると、八十パーセントの人は自宅で家族にみてもらいたいと答えるとのことです。

ところが、私どもの病院に入院している患者さんに尋ねると、答えはまるで逆。大部分の人が「家よりここがいい」とお答えになります。

もちろん、入院当初はほとんどの方が「家に帰る、帰る、今すぐ帰りたい」とおっしゃいます。それはそうでしょう。環境ががらりと一変した新生活は苦痛です。それが、三ヵ月くらい経つと次第に慣れてきて、しまいには「こっちのほうがいい」とおっしゃるようになります。お正月などに自宅に外泊される人が結構おられますが、共通しているのは、予定を早めて二、三日で帰ってこられる人が多いこと、そして一様に「ああ、やっぱりこっちのほうがいいね」とおっしゃることです。住めば都になるのです。一時帰宅から戻ってきた誰もが「やっぱりここがいい」とおっしゃる、その言葉には、介護の本質を示す重要な問題が含まれています。

高齢者は自宅がさほど快適な場所ではない、家族による介護がさほど快適ではない、ということを肌で感じて戻られるのです。

身内の介護は気兼ねです

久しぶりに迎えた家族は、総がかりで愛情を込めて介護しますが、それが意外に快適でないのです。家の中は段差だらけでトイレは狭く、手摺もない。入浴にいたってはもっと不便です。加えて家族の介護ときたら力ずくで手つきはおぼつかない。施設に入る前は感じなかったのに、いったんプロの技を知ってしまうとその差が歴然であることがわかるのです。介護は愛情だけでは出来ません。

そうです、愛情プラス技と知識、そして道具立ても不可欠なのです。介護こそはプロの技、知識、技術、道具そして仕組みがきちんと揃わないと、介護する側ばかりでなく、介護される側にも大きな負担や苦痛をもたらすのです。

それともう一つ、身内に介護してもらうのは結構気兼ねなものです。多くの高齢者は自分に近しい人に迷惑をかけたくないとの思いが強く、また気恥ずかしさもあります。下の世話をしてもらったり、裸になってお風呂に入れてもらったりすることには特に抵抗が強いようですが、これが赤の他人だとかえって気兼ねや気恥ずかしさが少なくなるから不思議です。

こうしたことが重なって、入院生活を経験した方にとってはもはや自宅があまりいい場所ではなくなってくるのです。

負担の重い現在の在宅介護

それでも、年老いて介護や医療に手のかかる親や伴侶を自宅で、自分たちでなんとかみている人は年々増加しています。その人たちの最大の不安は、この厳しい状況がいつまで続くのだろう、もし自分が倒れたら、倒れないまでもお手上げになったら、この親はどうなるのだろうというものでしょう。

また、介護をしていて次々と起こる思いがけないことにも対応せねばならず、かといって相談相手もいない。だんだん気が滅入って、悲愴な気持ちになっていくというのもありふれたパターンです。

このような時の救世主として、安心して預けられる施設が社会インフラとして存在してこそ、福祉国家なのではないでしょうか。

つまり「いざという時にはいつでも安心して預けられる」、また「時々は介護者である家族が息抜きやリフレッシュのために預けられる」施設や仕組みがあれば、今までより長期にわたって自宅で介護できるし、結果として最後まで自宅でみる例もずっと増えること請け合いです。

要は選択肢を増やすことです。在宅でみたいと思う人は、在宅でみられるようにサポートすればいい、施設がいいと思う人はいつでも入れるようにすればいいのです。安心して預けられる施設がないから泣く泣く在宅介護にするというのでは、社会の仕組みとしてあまりにもお粗末といわざるを得ません。

急務は、在宅介護を余儀なくされている人たちの負担を少しでも軽くすることです。そのためにはまず、高齢者の生活支援の仕組みを整えること、つまりは介護そのものより、掃除、洗濯、料理、ゴミ出し等も含め、高齢者の一人暮らしそのものを支えるようなサービスも介護保険でみる。もし乱用されたら困るのであれば、利用者負担の割合を高めれば済むことです。

次に医療機能、介護機能、生活を豊かにする機能を備えた施設の整備を急ぐこと。つまり、介護が必要になった高齢者では、この三つの機能が必要に応じて同じ場所で提供されるような仕組みが不可欠であり、今のような医療、介護、生活が役所の都合で縦割りにしか提供されない仕組みのもとでは不便と非効率が生まれるばかりです。

そして、それらの施設の充実こそが在宅での介護を支援するという認識を持つことでしょう。

この三つを軸に介護の仕組みを整備すれば、トータルとしての社会的なコストも軽減することが出来るのではないでしょうか。

しあわせな
終の棲み家をめざして

快適な生活の場、行き届いた介護、
必要な時にはいつでも出動してくれる医療が、
終の棲み家の三条件。

自分の最期に関心を持とう

お金を持っているだけではしあわせな最期を手に入れることは出来ません。病気になって有名病院に入院したものの、治療のためとばかりに薬漬け、注射漬け、挙句の果てにはたくさんのチューブを付けられて、家族共々こんなはずではなかったというケースもあれば、豪華なケア付き老人ホームに入ったのに、病気になったら病院に移されてホームには戻れなかったというケースもあります。

なぜそのようなことになるのでしょう

か？

理由は簡単。繰り返しになりますが、多くの人が自分の老後のことにあまりに無知だからです。情報を持っていないからです。

年をとったらどういうことが起きるのか、それにはどう対処したらいいのか、といったことにあまりにも無関心。不自由が目立ち始めた高齢者がどんな生活を送ったらしあわせなのか、少しもわかっていないのです。

不透明な最晩年をシミュレーション

最も不透明なのは、人生の最後の部分です。いずれ死に至る、その前の二～三年が一番わかりにくく、そして多くの人があまりはっきりさせたがらない部分です。

そこで、最期を迎える人生設計を立ててみましょう。

死期を想定し、そこから逆算して考えます。厳しい状況、すなわち最悪の事態を想定してください。

ではひとまず八十五歳あたりを死ぬ時と設定してみましょう。

その時の家族の年齢や状況を、書きだしてみてください。みんなの暮らしぶりはどのようなものでしょうか。

そしてその前の五年間、たとえば八十歳には、
認知症が始まっている？

寝たきりになっている？

いずれにしても家族の手に負えないくらいになっています。

どこで暮らしているでしょう。自宅？　施設？　それとも病院？

施設に入っているとして、お金は足りるか。

もし現在のような手厚い社会保障制度がパンクしていたら、いくらあれば大丈夫なのか。施設ではどんな対応をしてくれるのか。

このように考え始めると、今なすべきこと、すぐ手をつけるべきことがたくさん見えてきます。

その時が何歳で訪れるかは別として、またその期間に長短はあるでしょうが、最後の最後は、誰もがさして変わらない状態になって死を迎えます。

けれど、ある程度予測がつき、実態が明らかになれば、覚悟も出来、安心もします。

正視することを避けていては、不安に襲われるだけです。何事もうまくはいかないものだ、でも最悪でもこの程度で済むだろうという前提に立てば、うまくいった分はすべて儲けものです。

老人ホーム見学が第一歩

高齢者のための施設というものがどんなところか、ご覧になったことがありますか。

なかったら、今すぐにでも訪ねていって、そこが自分の期待しているようなところであるかどうか、確認すべきではないでしょうか。

自分自身の最期、あるいは看取るべき親の最期を想定したら、それは外せない準備の第一歩です。

老後の不安解消の切り札のように、介護保険がスタートして、雨後の筍のようにあちこちに出来た介護付きの有料老人ホームは、派手な広告宣伝と甘い謳い文句で集客を図っていますが、その中身となると玉石混淆、ピンからキリまでで要注意です。そこを訪ねたら、まず次の質問から始めるといいでしょう。

「ほんとうに重い病気になったり、介護にすごく手がかかるようになったら、どのように扱ってくれるのですか。ずっとここに置いてくれるのですか」

施設を選ぶ時には、病気や介護のうえで最悪になった場合を確認しておくことがとても重要です。

当面の便利さと快適さ、費用の安さしか見ようとしない利用者側にも、肝心な点はあまりはっきりさせたくない施設側にも、双方に問題があります。どちらも最悪の事態については聞かない、いわないのが実情です。

やはり、勇気を出して、利用者が尋ねるしかないと思います。

自宅で介護していた親が脳梗塞を起こしたり、骨折したり、肺炎にかかったりして病院に運ばれたとしましょう。普通の病院は病気の治療は懸命にやってくれますが、それが一段落すると退院を迫ります。

でも高齢の病人は、その間に一段と衰弱し、食事も摂れなくなり、完全な寝たきりになってしまったとしたらどうでしょう。

このように、日常生活に復帰できる状態ではないのに退院を勧告されても、高齢者や家族は途方に暮れてしまいます。

終の棲み家の三条件

私は、そういう高齢者が入院する場所として病院を始めました。しかし開院してすぐに、求められているのは「終《つい》の棲《す》み家《か》」であることに気づきました。入院してくる高齢者や家族が求めているのは、人生の最終局面に向かう時間を、安心して穏やかに過ごせる場所だったのです。

さらに、医療だけでは高齢者を元気に出来ないこと、ましてや単なる延命のための医療など、高齢者に苦痛を与えるだけの行為であることも思い知らされました。

一般に病院は医療中心で、介護は不十分であり、生活の場としての空間や潤いは極めて貧弱です。一方、特別養護老人ホームは医療が手薄で、重症になった時に病院や診療所に移されることが少なくありません。中間に位置する老人保健施設は短期間しか置いてくれません。有料老人ホームは、入居時の費用などが高い割には重症化したときの対応に不安が残るところもあります。

そうした一切の不安を拭い去り、「快適な生活の場」「行き届いた介護」、そして「必要な時にはいつでも出動してくれる医療」が求められている。これが「終の棲み家」に必要な三条件だ、と思い至りました。

最晩年のための費用

ほとんどの人には、人生の最後の一～二年、短くとも数ヵ月はこの三つが揃った環境が必要なのです。

ではそれにかかる費用はどれくらいでしょうか。

目安として、この三条件を揃えて最後の数ヵ月間をみてくれるような施設であれば、一人当たり月額平均にして六十万～七十万円程度の費用がかかります。

ちなみに、私が三十年前に開業して今日に至っている青梅慶友病院の場合、一ヵ月の入院費用は五十万〜七十万円です。このうち、医療保険や介護保険が使えますので一ヵ月の入院費用は三十五万〜三十六万円です。

誰にでも入院していただける金額でないことは承知しています。しかし、現状で可能なトライアルを繰り返しながら、満足度の高い仕組みを編みだす。それが社会的に評価を受ければ、行政が取り入れ、費用も抑制され、より多くの人がその恩恵に浴することが出来ます。

現在、私の病院に入院されている方の平均年齢は約八十五歳。八割が女性です。そして約七割以上の人が認知症の症状を持っておられます。さらに付け加えますと、平均的な入院期間は二年半〜三年です。しあわせな最期のために、どれくらいを予算として備えておけばよいか、およその見当をつけていただけたでしょうか。

第三章

自分の親のための施設をつくる

人生の方向転換

九死に一生を得た末に
数々の幸運に出会う。

消去法で選んだ精神科医の道

老人病院を始めて満三十年が過ぎました。

「高邁な使命感に燃えて老人医療一筋三十年」といいたいところですが、残念ながらそんな大それた気持ちにはほど遠い私の人生です。だいたい医学部に進むことになったのも医者になったのも特別に深い考えがあったわけではありません。強いていえば私の三つ上の女の子が五歳の時にジフテリアで死んだこともあってか、私の両親は子どものうち誰か一人くらいは医者にならないかと望んでいたフシがあり、私の進路決定にあたっても、それを口にし、私はそれを受けるかたちで医学部に進んだという次第です。

　こんな経緯ですから、医学部に入ったもののアルバイトとクラブ活動としての競技スキーに明け暮れた私の成績はかんばしいとはいえず、クラスメートのあまりの優秀さに驚く日々でした。加えていつもコンプレックスを感じたのは「なぜ医学部を志望したのか」を聞かれることでした。

　ともあれ落第もせず学生生活を続けていたのですが、六年制の医学部の五年生の三月、競技スキーの練習中に大転倒。首の捻挫をきたし、そのあとには、かなり強いムチ打ち症に悩まされる毎日になりました。医学部を卒業したあと自分の専門とする診療科を決める時点になってもムチ打ち症状は続いていて、長時間立っていたり、集中して細かい作業をすると頭痛、手のシビレ、耳鳴りがするのです。そこで座って出来て、手先もあまり使わなくて済む等の消去法の末に、精神科を選ぶことになりました。

精神科の同僚に、なぜこの科を選んだのかと聞かれた時にも、これまた困った覚えがあります。

精神科医としての基礎訓練を、大学の医局で一年間受けた後、教育訓練を目的として二年間の予定で東京・三鷹にある精神病院に派遣されました。

大学の医局での、無給で休みもほとんどなく朝から夜遅くまでこき使われた生活と比べると、ここでの勤務医としての生活は別世界でした。そのあまりの居心地の良さに魅了され、二年間の教育訓練ののちも大学医局の人事ローテーションから外れて、その精神病院に置いてもらうことにしました。

精神病院に勤務するようになって満三年が過ぎた頃、フランス政府給費留学の話が持ち上がりました。

給費留学を経験した先輩の話は「給費額は少ないがあまり勉強や研究の義務もなく、フランスの生活をエンジョイするには手頃だ」という、聞けば聞くほど魅力的なものでした。

個人的に大学時代からフランス語を少しばかりかじっていたこともありましたし、慶應の医学部の精神科は昔からパリ大学との関係も深く、また私の関心の強かった精神薬理学の発祥の地でもあったことから、大義名分も十分でした。試験を受けて留学が決まり、一九七一年九月末からフランスに渡りました。

フランス政府給費留学

渡仏して三～四ヵ月は予想に反して、不安と戸惑いに満ちた日々でした。まず海外旅行は初めてだったこともあり、空港に着いた時から勝手がまったくわかりません。悪いことに乗った旧ソ連経由の格安運賃の飛行機がパリ郊外の空港に着いたのが五時間遅れの午前一時すぎでした。迎えに来てくれているはずの留学生受け入れ担当者は「泊まるところが決まってないならここに行け」とのメモ一枚残して帰ったあとでした。同じ飛行機に乗っていた日本人は、迎えの人とともに全員消えてしまいました。フランス・フランの持ち合わせもなくお金を両替しようにも空港の両替所は閉まったあとでした。誰かに何かを尋ねても私のフランス語力では相手の答えがまったく理解出来ないことも判明しました。あの時の心細さは今でも夢に出てきます。それでも世の中はなんとかなるもの、三日後には留学先であるリヨンに辿りつき、親切な日本人留学生の助けを得て住まいも定め、そこから指定された研修先のリヨン大学付属の精神科病院に毎日顔を出すことなりました。とはいうものの、勉学の面は一向に進みません。

それから三〜四ヵ月後、突然霧が晴れました。

私の語学力ではとても精神科の診療など出来ないこと、入院している患者と話しても私の語学力のせいで相手のいっていることが理解出来ないのか、相手のいっていることが変なので理解出来ないのかも判別出来ないのです。また、何か勉強しようにもあまりにも時間がかかり過ぎて効率が悪いのです。それに、フランス政府から支給される給費といったら私のように妻同伴となると生活費の半分相当額くらいであとは持ち出しです。

そこで一大決心をしました。

勉強は日本に帰ってからいつでも出来る、このフランス留学の期間は徹底してここでの生活をエンジョイしようと。

そこからはこの路線をまっしぐらに進みました。午前中は精神科病棟の中をぶらぶらし、お昼になると医師専用食堂でステーキとワインで昼食（これがなんと二百円くらい）、アルコールに強くない私はそれですっかり酔っ払って、車で家に戻り、まず二時間くらいの昼寝をしてから二時間くらい語学学校の授業。活動の本番は夜になってからです。

当時、リヨンではまだ日本人が珍しかったことや医師ということもあって、「外国人留学生受け入れ家族会」を通じて知りあった三〜四家族が入れ替わり立ち替わり自宅での食事やパーティーに呼んでくれました。たどたどしいフランス語も食前酒に始まる各種アルコールが入ると滑らかになり、帰りは深夜の酔っ払い運転といった日々でした。

また、夏休み、クリスマス休暇、復活祭の休み等、大義名分の立つ休暇があると、世間にさきがけて遠出し、一番遅く帰ってくるといった具合に、フランス国内のみならずヨーロッパの各地を車で見て歩きました。その結果、フランス滞在中の二年間で走行数は約七万キロにもおよびました。

フランス生活の成果

一番印象に残っているのは次の三つのことです。

その一つはフランスの田舎の美しさ、豊かさです。

よく私たちを世話してくれたのは、リヨンでいえば中の上といったクラスに属する人たちでしたが、リヨンから五十キロほど行った所に大きなブドウ畑と酒蔵のある別荘兼田舎の家があり、そこによく招いてくれました。見渡す限りのブドウ畑や農園を前にしながら銀の食器で口にする食事は、至福そのものでした。もし今、この世で住みたい所を一つを挙げよといわれれば、迷わずあの場所を選びます。あの、ゆったりとした空間とのんびりとした時間こそは、人生のめざすものの一つのように思います。

もう一つ印象に残っていること、それは三ヵ月間に二度にわたって起こした車の事故です。

二度とも同乗者も含めて即死でも不思議ではないほどの大事故でしたが、世の中に普及が始まったばかりのシートベルトのおかげもあってか、いずれの事故も乗っていた人全員がムチ打ちと打撲程度で済みました。

私はそこで、死というものが日常生活のすぐ傍らにあるということ、同時に人はなかなか死なないものだということを知りました。

実は、短い間隔で二回も大事故に遭い、自分が九死に一生を得たとわかると、この命、この先は世のため人のために捧げて生きようと内心では真剣に思いました。でも二〜三ヵ月してその興奮が冷めてくると、私は強運だからいろいろ危ないことをしてもそう簡単には死なないだろう、それなら楽しくやらなきゃ、などと考えるようになるのですから不思議です。これが凡人の凡人たるが所以なのでしょう。

印象に残ったことの三番目、それはお金のありがたさです。

先にも触れましたが、月々の収入は給付金として入る五万〜六万円です。ところが生活費となると、二万円弱の屋根裏部屋に住み、食費を切りつめても、車を持って週末には今のうちに少しでも旅行や近郊へドライブ、となると月々十五万〜十六万円かかりました。外食といっても一人七百〜八百円、ワインもピッチャーに入った安いものばかりでしたし、旅行中もほとんどベッドのみの素泊まりで食事は買い食いで済ませていましたが、少しばかりの貯えもどんどん目減りしていき、ついには日本の知り合いに借金をお願いしてやりくりする始末でした。

今になってみればどれも懐かしく思い出されることも、当時は絶えずお金のことが気になり、何につけてもお金がないとこんなにも不便かということを思い知らされ、いつの日かお金のことを気にしないでヨーロッパを旅行してみたいと思ったものです。

借金して得た百万円も使いはたし、ちょうど滞在丸二年経った一九七三年九月末に日本に帰りました。羽田空港に着いた時の手元金は二万円。あとは妊娠八ヵ月の妻と借金百万円があるだけでした。

妻とともに私の実家に身を寄せ、翌日から元の職場に戻り仕事を再開しました。これでもうお金のことはあまり気にせず生活出来るなというのが正直な感想だったと思います。女性は収入がなくてもそれなりに胆が据わって生活出来るようですが、男性の場合、というより私の場合は、収入が減ると自分の存在の価値まで小さくなったように感じたことを今でも強く覚えています。

老人病院づくり

当時の老人病院の惨状に触発されて
独立を決心。

老人病院、初見学のショック

年が明けて、再開した日本生活も軌道にのり、仕事に遊びに忙しくなり始めた翌一九七四年五月頃だったと思いますが、勤め先の精神病院に高校時代の親友の一人から電話がかかってきました。

「八十三歳になる祖母が三年前に脳卒中で倒れ寝たきりとなって自宅で母が介護している。十日ほど前から日中はほとんど寝ているのに夜十二時過ぎる頃から突然大声をあげて騒ぎだし、それが明け方まで続くという状態になった。毎日、日中は会社で働き、夜帰って寝ようと思うと大騒ぎで眠らせてもらえない。初めのうちは両親とともになんとか自宅で介護しようとがんばっていたが、これではもう身がもたない。近くの病院に相談したがどこも預かってくれない。おまえの勤め先の精神病院ならなんとかしてくれるのではないかとワラにもすがる思いで電話した」というものでした。

彼の困った様子にはなんとか応えたいと思いましたが、八十歳を超えた親友の祖母を精神病院に入れるのはあまりにも気の毒との思いもあり、ともかく預かり先を探してみることを約束しました。周囲から情報を集め、二～三日後に東京近郊の不便な地にある一つの病院に見学に行きました。一九七四年の五月末か六月初めだったと思います。

その病院は東京の西端に位置する人里離れた場所にありました。もともと、精神病院として建てられたものの、交通の便が悪く、精神科の患者さんだけではベッドが埋まらなかったため、どこでもいいから預かってさえくれればよいという人も対象にしたところ、次々と送り込まれたのは老人ばかりで、気がついたらすべて老人でいっぱいになっていたという所でした。

建物の中に入ると、二十畳近くの畳敷きの部屋が連なり、布団がいっぱいに敷き詰められた各病室には、十二～十三人のお年寄りが、ただ転がされており、起きて歩いている人などただの一人もいないといった状況でした。

その病棟だけでも八十～九十の入院者がいたと思いますが、職員といえばナースステーションに五～六人かたまって雑談しているだけで、誰一人として病室にはいなかったように思います。

雑然とした空間、うなり声しか聞こえない奇妙なほどの静けさ、そして最も印象的だったのは病棟全体にたちこめる不快臭でした。

あの臭いのもとは、第一には全員オムツを当てられていて、しかもその交換といえば、あの人手からすればせいぜい一日二～三回程度だったであろうこと、第二にはお風呂にまったく入れてもらえていなかったであろうこと、なぜなら大きなお風呂場はありましたが、使われている形跡がなかったのです。加えて今にして思えば、あの対応からすれば、七～八割の人に床ずれがあったことが考えられます。これらの集大成としての、あのものすごいまでの不快臭だったのではと思う次第です。

私は、精神科のアルバイト先で、評判のよくない病院もいろいろ見ておりましたから少々のことでは驚かないつもりでしたが、この光景はかなりショックでした。

しかし、内部の見学を終え、案内してくれた人から聞いた説明はもっと衝撃的でした。ここに入っている人の大部分は二～三ヵ月で亡くなる、しかし入院の希望者が多く、今申し込みされても入院の受け入れは三～四ヵ月先になるというのです。

老人病院なるものを初めて目にした日でした。

親を看取る病院をつくろう

私の友人の祖母は結局、強引にお願いして私の勤務先の精神病院の一室に入れてもらい、数ヵ月後に亡くなりましたが、私は家族全員から家庭の崩壊を救ってくれた恩人のように感謝されました。

初めて老人病院を目にしてから、少し世の中を見る目が変わりました。そして最も気になりだしたのは、自分たちの親のことでした。当時私の両親は健在でしたが、もう七十歳を超えるところでしたし、私の妻は一人っ子で、六十歳を超えた両親が健在でした。このままいくと十年もしないうちにこの四人の親の介護が次々と私たち夫婦の上にのしかかってくる可能性大ということに気づきました。

自分たちで面倒をみきれなくなった時に預ける先があの老人病院のようなところでは…。

そんな折、たまたま参加した講演会で、日本はこの先大変な勢いで高齢者が増え、それにともなって寝たきりや痴呆老人も急増する、そして介護をめぐる負担は大きな社会問題になるだろうという話を聞きました。

この二つが重なり、さらに自分がさしたる使命感もないままに医学部に入学した時に始まり、消去法で選んだ精神科の医師になってからも長い間モヤモヤしていた「人生に対する使命感欠如コンプレックス」が結びついて、自分の進むべき道が、突然一条の光のように見えた気がしたのを覚えています。

この分野なら、医者になれといってくれた親に孝行できるのでは、あの猛烈に優秀な同級生ともまともに競争しなくていいのでは、さらに組織になじみにくい自分の性格からして、自分のやりたいように出来るのでは、そんな思いとも一致したからです。

しかし、足元を見るとフランス留学時代につくった借金がようやく返済できたところで、蓄えはほとんどゼロでしたし、あわせて精神病院の勤務医としての気楽な毎日も捨て難い状況でした。

私としては珍しく少しばかり思い悩んだ末に、一九七四年の秋、一大決心をしました。「小さくてもいいから、自分の親だけでも入れられるような診療所をつくる。そのためにまず一千万円貯める」というものでした。

その時から生活が変わりました。お金が貯まる原理は簡単、出来るだけたくさん稼いで支出を極力抑えることに尽きるわけですが、私の場合は、持てるものといえば精神科医としての資格と体力しか思いつきません。

そこで本業の病院勤めの空いている時間をできるだけ多くアルバイトにあてることにしました。幸い、精神病院の当直、日勤のアルバイト口はいくらでもありました。月に二十二～二十三日精神病院の当直をし、本業の週五日勤務の残りも含め、日曜、祝祭日の大部分を日勤のアルバイトに費やす生活が始まりました。年末年始やゴールデンウィーク等のアルバイトは時とすると割増が付くので大歓迎でした。これくらい病院で過ごすと、生活費もかかりません。さらにお金と時間を使う仲間や世間との付き合いはご法度にし、妻にも質素倹約を求めました。最大の楽しみは、毎月預金通帳の残高が増えていくことでした。

こうなると周囲の人たちが楽しそうにやっていてもほとんど気になりません。この生活を開始して二年余り経った昭和五十一（一九七六）年の年末、預金が一千二百万円になったので、年明けとともに東京青梅市で診療所開設のための土地探しを始めました。

気がつけば大病院計画に

今になって、なぜ病院を建てる土地として東京・青梅市を選んだのかと尋ねられることがよくありますが、理由は簡単です。資金稼ぎのためのアルバイト先が青梅に多く、少しばかり土地カンがあったことと、東京で最も土地の価格が低い地域の一つであったことです。世にいう事業する場合の立地条件等ということは考えたこともありませんでした。

とりあえず二百坪くらいの確保を目標に、仕事の合い間をぬって探し始めましたが、適当な土地はなかなかありません。

半年くらい経ったある日、まったくゼロからスタートして数年で精神病院を二ヵ所持つに至ったという医局の先輩に相談する機会を得ました。

私の計画の概要を聞いた先輩は「お年寄り相手の事業は将来性極めて大である。ただ診療所規模だとすぐ飽きる、どうせやるなら大きくやれ。元金一千五百万円もあるなら、うまく銀行をだませば二億〜三億円は借りられるだろう。そしたら十分病院が建つ。場所は東京都と名のつくところがよい」というものでした。

その言葉に刺激され、診療所計画がただちに病院計画に変わりました。あとになって聞いた話ですが、その先輩は借金魔として有名だったそうです。

その日を境に土地探しの目標は二百坪から一千坪に変更です。

候補地は、出ては消え、出ては消えの繰り返しでした。ある土地の場合、土地の持ち主とは合意しそうになったものの、周辺の住民からの反対を受け、仲介を頼んだ自治会長宅では持参した菓子折を投げつけられ、塩を撒かれて退散したこともありました。そんな時は、もうこの計画はやめ、貯まった資金で家でも買って楽しい勤務医暮らしに戻ることを考えることもありましたが、一晩寝ると、ダメで元々、まあもう少し、となるところが私の真骨頂かもしれません。

老人病院を始めるのにもう一つ幸いしたことがあります。それは私の親戚も含めて一族に医者なる職の人は誰もおらず、私の進路に口を挟む人もなかったことです。というのは、計画を始めて三年余の間に、世の中に老人病院なるものは急速にその数を増やしていましたが、どこも極めて評判が悪く、老人病院イコール悪徳病院といったイメージになりつつありました。地元の反対もそれと無関係ではなかったと思いますが、老人病院構想を話すと、友人の何人もから「お前はそんなにまでして金儲けがしたいか」といわれたものです。もし身内に医師でもいたら、老人病院は医師のクズがやることだくらいはいわれたに違いありません。

幸運の神様に出会う

しかし世の中、どこに幸運の神様が現れるかわかりません。土地探しを始めて一年余経った昭和五十三年四月の中旬、青梅市の農協の応接室で知人の農協の職員、地元の不動産屋さんと土地の話をしていたところに突然ドアが開いて、一人の男性が顔を出しました。それを見た農協の職員が「組合長、ちょうどいいところに来てくださった。この人は医者だけど、青梅に老人病院をつくりたいと土地を探している。いろいろ相談しているが、適当な物件がなくて困っている。組合長は自分でも土地もたくさんお持ちだし、土地の情報もいろいろご存知だろうから、なんとかお助け願えないか」と切り出したのです。

私はその男性とはその時が初対面でした。それに対してその男性は、「土地といえば、四人で合わせて一千坪になる土地を持っている、つい先日何か有効活用出来ないか相談したところだ。でも病院を建てるなんて思ってもみなかったからなあ。まあ頭のスミに入れておくよ」というと五分もしないうちに立ち去りました。

その人は部屋をまちがえてドアを開けただけのようでした。農協の組合長なるその人物のお名前が野崎省吾さんであることを、私は知りました。

私は農協の応接室を出たあとも、野崎組合長の言葉が頭を離れず、ダメで元々の精神で翌日電話でお願いし、その日の夜八時に野崎邸にお邪魔することにしました。なぜ夜八時かといえば、その日も青梅の精神病院の当直が入っており、夜の回診のあと、病院を抜け出せることを見込んでの時間設定だったからです。

相手の野崎さんもびっくりされたことでしょう。前日、たまたま出会った氏素姓もまったくわからぬ若造の医師が、単身で夜八時に訪ねて来たのですから。

話は私の自己紹介から始まりました。三十五歳の精神科の勤務医であること、四年前、老人病院なるものを見てショックを受け、自分の親を安心して預けられる病院を建てたいと思ったこと、今後高齢社会が到来し、必ずやこの手の施設が必要になること、なんとかご協力願えないか等、思いの丈を語ったと思います。

午後も十時を過ぎた頃、野崎さんの答えは「あんたの考えていることはよくわかった。土地はここから二〜三分の場所に約一千坪ある。私を含めて四人の地主で持っている。病院建設が可能かどうか、自分で調べよ。話はそれから」というものでした。

ここから私の運が開けるのです。

その土地には病院建設が可能であり、そのあと野崎さんは、他の地主や地元の方々の協力を取りつけてくださり、昭和五十五（一九八〇）年二月に青梅慶友病院は開設の運びとなりました。

私の手持ち資金の少なさ、担保となる資産のなさ等を考慮のうえ、一千坪の土地の上に地主四人と私の共同で、私の希望する通りの建物を建てて私に貸す、経営には一切口出ししない。しかも私が銀行から借りる事業資金の保証はすべて野崎さんがしてくださるという破格の条件でした。

今にして思うと、まったくどこの馬の骨ともわからぬ、医師免許証一枚だけが頼りの三十五歳の若造に、数億円にのぼるリスクを取ってくださった胆力にはただ驚くばかりですし、その後今日に至るまで、困って相談した折には、借金が最大三十三億円にまで膨らんだ時期を含めて、いつでも二つ返事で全面的に助けてくださるものの、経営、運営に対しては一切の口出しをされず、また一切の見返りを口にされたことがない野崎さんのお人柄にはまさに神を見る思いがします。

この野崎さんとの出会いなしには青梅慶友病院も、私の人生もなかったことは確かです。

慶友病院の開設、そして…、

決心してから五年余の一九八〇年二月、建物も完成し、青梅慶友病院の名前で開院の運びとなりました。ベッド数百四十七床、職員総数三十四名でのスタートでした。

開院を知らせるパンフレットを都内の病院や福祉事業所の窓口に配って歩いたこともあって入院申し込みも徐々に増えていき、七～八ヵ月で百四十七床のベッドは満杯となりました。

しかし運営は今から思うと大混乱の極み、無知のなせることとはいえ、まさにその日その日をどう乗り切るかの連続でした。まずは入院してくる高齢者にどう対応したらよいのか、それを知っている者がいなかったことです。加えてお金の心配から少数の職員でスタートしたこともあって、あまりの仕事の大変さに職員の退職が相次ぎ、その悪い評判がたたって募集をかけても職員が集まらないことも経験しました。

経営的には、用意した資金もたちまち底をつき、借入金がどんどん膨らんでいきました。家にもほとんど帰れず、休日はまったくなしの状況が続きました。こんなこと始めるんじゃなかった、という後悔の毎日でストレス潰瘍も経験しました。

それでも、時間は偉大です。一年を過ぎるあたりからそれなりにカッコウもついてきて、入院の待機者が百名を超す状態になっていました。

翌年の夏、ようやく一息入れたいと思った矢先、最大の支援者である野崎さんから「こんなに待機者がいるということは世の中にいかに困っている人が多いかという何よりの証拠、増築してベッド数を増やしてはどうか」との提案です。

そういわれても、正直なところ困りました。「お金がありません」と答えると野崎さんからは一言、「お金なら銀行で借りればいい、担保は必要な分を私が提供するから」というものでした。

そこまでいってくださるならと、増築計画がスタート、敷地の確保や地元との面倒な交渉はすべて野崎さんがやってくださり、開院してから二年九ヵ月後の一九八二年十一月には二百八十八床の規模になりました。

ところが、それもわずか四ヵ月で満床になり、また待機者が増えたのです。そこで同じパターンで増床を繰り返し、結局スタートしてから十年半後の一九九〇年夏にはベッド数八百三十六床の大きな規模になったのです。

しかしこの間も、経営的には苦しく、気づいてみれば借入金総額はなんと三十三億円。バブルの頂点でしたので借入金利は年利八パーセント、利息の支払いがやっとで、元金の返済の見通しはまったく立たずといった状況でした。

加えての苦労は介護にあたる職員を集めることでした。当時は、世の中、景気が良すぎて、介護などという割の合わない職に就く人がどんどん抜けていくなかでの人集めでした。

ところが一九九〇年春に神風が吹いたのです。

点滴や薬、検査等といったことを極力抑え、日常生活の質を重視し介護に力を入れてきた青梅慶友病院のやり方を厚生省（現厚生労働省）が評価してくれ、医療保険からの当病院に対する支払いが二割近くも増えたのです。

それを機に、収支は大幅に改善し、借入金の返済は一気に進むことになりました。その勢いを駆って、二〇〇〇年前後に病棟の大増改築を行い、あわせて個室化もすすめて現在約七百床の青梅慶友病院になりました。

よみうりランド慶友病院の開設

ここで私も六十歳、事業としても一段落するはずでした。

しかしそうは問屋が卸さないのが人生です。二〇〇二年の初め頃、讀賣新聞社グループから、同グループの所有する遊園地〝よみうりランド〟のシルバーランド構想に参加しないかとのお誘いを受け、遊園地内の敷地に老人病院「よみうりランド慶友病院」をつくってもらって、その運営をお引き受けすることになったのです。

このお誘いに乗った最大の理由は、地の利の良さです。青梅慶友病院の利用者の約七十パーセントが東京二十三区や川崎、横浜といった遠くからの人たちでした。面会に要する時間は片道一時間半以上です。もっとご家族に近いところに私どもの施設があったら、もっと頻繁に、もっと気軽に面会に来ていただけるだろうに……、特に人生の終わりに近い時期にはそばに寄り添っていただけるだろうにという思いを十年以上にわたって持ち続けていました。その願いが、思わぬかたちで実現することになったのです。

二〇〇五年四月、よみうりランド慶友病院は二百四十床の規模でスタートし、満八年を経過した今、フル稼働しています。

そこでやろうとしているのは「高齢者ホスピス」。余命一～二年以内と思われる状態の高齢者を中心にお預かりして、少しでも豊かな時間を過ごしていただくための仕組みをつくることです。

振り返れば三十数年前に、自分の親の介護だけでもなんとかしなければという思いだけで始めたわけですから、高齢者、それも医療や介護で大変手のかかる超高齢者にどうかかわるのがよいのか、ましてや、どんなかたちで最期を迎えてお見送りするのがよいのか等、知識もノウハウもあったわけではありません。医師としても経営者としてもあまりにものを知らないなかでのスタートだったため、目の前に起きるいろいろな難問、奇問に対して自分なりの知恵を絞り、その場をしのぎにしのぎ、その連続でやってきたというのが正直な感想です。

三十年間に学んだこと

自分の能力を超えて生かし続けられることは
死ぬよりつらい。

ご家族の望むこと

この三十年間に実に多くのことを学びました。

私どもの病院に入院される方の大部分は、伴侶や子どもなど、家族にともなわれて来られます。最近でこそご本人が希望して来るケースも増えてきましたが、まだ極く少数派です。

ではそのご家族が、預け先である私たち施設に望むことや、私どもに抱かれる気持ちはなんでしょうか。

第一はなんといっても長期間にわたっ

て、出来ることなら一生預かってくれる、つまり「終の棲み家」です。

これは当然といえば当然で、いったん預けたとなれば、その間にまちがいなく年齢は進み、体は弱るのですから、引き取りが困難になるのが普通ですし、もし入院してかえって元気になったとしたら、それはそれで施設の生活が本人に快適さをもたらしているといえるのですから。

第二は、預けたということに、自分が後ろめたさを感じなくてもよい扱いをしてくれることです。

預けるだけでも後ろめたいと思っている家族は、面会に行くたびに暗い気持ちになるような扱いしかしてくれない施設は願いさげに決まっています。

家族の後ろめたさを払拭する最良の薬は、預けられた親や身内が、預けた時点、家にいた時よりも元気になる、安心した表情になること、面会を終えて帰る時に明るい気分になれることです。家族が「ああ、また面会に来よう」という気持ちになれるような、あるいは自分の身内や知り合いを連れてきて見せたくなるような施設となれば合格でしょう。

その実現のためには、入院患者さんの苦痛と不安を取り除き、ここは安心して生活できる場だと実感していただくことに尽きるように思います。

第三に、ご家族の大部分は無理な延命は望んでいないことです。

私たちの施設は病院ですから、時として強力な病気の治療や強力なリハビリを望むご家族もいなくはありませんが、患者さんの大部分は八十代後半ということもあってか、ご家族はそれよりも苦痛の少ない、惨めでない毎日と、無理のない範囲での長生き、さらにその延長線上の安らかな最期を迎えさせたいと願っておられることが多いのです。

医学教育の価値観

いわゆる普通の病院やリハビリを専門とするような病院は、その大小を問わずその価値観は比較的明白です。

第一に死を少しでも先に延ばすこと、第二に異常に陥った体の機能や形態を、少しでも正常な状態に戻すことが医療の使命であるというものです。医師や看護師、リハビリ士といった医療の専門職の人たちは、その養成課程でこの二つの価値観を徹底的に教え込まれ、そうした価値観の実現に日々努力しているといっていいでしょう。

しかし高齢者、それも私たちが最晩年と呼ぶ、余命せいぜい二〜三年以内と思われる高齢者が相手となるとそうはいかないのです。いろいろ治療を試みたとしても、良くなるどころか現状維持すらも難しいのが常ですし、やがて遠からず大部分の人が死を迎えるのですから、医学教育の価値観からすればまさに連戦連敗です。

加えてさらに事を複雑にしていることがあります。

現代の医療はその大部分が一般成人、年齢でいえば七十歳くらいまでを対象として研究が行われてきたこともあって、七十五歳以上の体や病気にとって、どのような治療や対応がいいのかわからない部分が多いといっても過言ではないのです。

たとえば、八十歳で寝たきり状態にある女性には、水分や栄養分をどの程度与えればいいのか、何を目安にしてその量を決めればいいのか、この程度のことすら定まったものがありません。結果として成人と同じように一日に一千五百ccもの水分が点滴されたり、一千二百キロカロリーもの栄養補給が強制的になされ、受ける側は無益な苦痛にさいなまれながら死期を迎えるといったことも起こっています。

しかも始末が悪いことに、昔から「カネと痛みは患者持ち」といわれるように、医療者側に、患者に苦痛を与えているという認識がないこと、家族への説明も医学的に必要なこと、正しいこととしてなされるため、家族も受け入れざるを得ないのです。

一方親への思い入れの強いご家族のなかには聞きかじりの知識でもっとリハビリをやってくれ、もっと食べさせてくれ、もっと水分を入れてくれ等の要求をするご家族もいらっしゃいます。こういう場合医師の側もご家族とのトラブルを避けるため、あえて逆らわないのが普通です。

医療行為というのは客観的にみれば受ける側にとっては苦痛や不安に満ちたものです。手術、注射、検査に始まり、食事制限、一部のリハビリ等想像してみてください。見通しがよほど確かでなければ避けたいことばかりといっても過言ではありません。最晩年の方にとっては、残された人生の短い時間や生活を妨げ、浪費しかねないことにもなるのです。

衝撃のヨーロッパ視察

病院を始めて五～六年経った頃、ヨーロッパの老人介護施設や老人病院には寝たきり老人が極めて少ない、あるいはほとんどいないといった話が雑誌や新聞、テレビなどで盛んに取り上げられていました。しかし、どんなに良い環境のもとで介護されたとしても、年齢とともに体や精神の能力は徐々に衰えて、やがて寝たきりとなり、ついには死を迎える。それが自然な成り行きのはずですが、いったいどういう高齢者医療、終末医療を行っているのか。

一九八八年六月、各地の老人病院の仲間とともにヨーロッパ視察旅行に出かけました。視察した施設は、オランダ、イタリア、イギリスにある計六ヵ所の介護施設でした。当時、オランダ、イタリアはヨーロッパのなかでは老人福祉に関しては中進国である、ということでした。

これら六つの施設には共通する部分がありました。

第一は、一人当たりの居住面積が広いことでした。

どの施設も収容人員に比し、わが国とは格段の広さを持っていました。イタリアの一つの施設を除けば、すべて築数十年の風雪に耐えてきたものばかりで、使い勝手に多少問題はあったのですが、いずれにしてもゆったりした空間が確保されていました。そして、ベッドの置かれている部屋と日中を過ごす空間が明確に区分されていました。

第二は、看護、介護にあたる職員が格段に多かったことです。

職員一人ひとりの動きは、日本とは比較にならないくらいゆったりしており、一種の物憂さ、気だるささすら感じられたほどでした。

聞いたところでは、どの施設でも入所している高齢者と同数あるいはそれ以上の職員が配置されていました。しかし、正直な感想として職員の動きは鈍く、高齢者への手のかけ方も日本とは比べものにならないほど少なかったように思います。いったんオムツをあてたら、トイレに誘導して排泄を試みるなんてことはしませんし、高齢者もそんなに身ぎれいという印象でもありませんでした。

第三の特徴は、医療的かかわりが極めて少ないことでした。

入所者の平均年齢は八十歳超ということでしたから、わが国と大差ないのですが、ほんとうに昼間のベッドにはほとんど老人がいませんでした。そしてなんといっても医療的なかかわりが少ないのが日本との最大の違いで、「老人病院」という名称はもちろん、その手の概念すらなく、本格的治療が必要な場合は、短期間一般病院に移すこともあるが、そのような例は極めて少ないということでした。点滴を受けている人は一施設に一人か二人でした。

この違いはいったいなんなのだろう。見学者用の建物とは別に寝たきり状態の患者を隠しているのではないかと疑い、案内されるルートを一人外れて、あちこちのドアを勝手に開けて覗いてみたりもしたものです。

そして一番驚いたのは、終末が近づくと、呼ばれるのは医者ではなく宗教者、牧師や神父だということでした。

寝たきりがいない理由

寝たきりの高齢者がなぜいないのか。私が見聞したところを総合すると、次のようになります。

ヨーロッパの施設では、朝になるとよほど重篤でもない限り、寝間着から洋服に着替えて、ホールに連れ出されます。もちろん、歩くことはおろか立つことすら困難な人も少なくないため、大部分の人はイスあるいは車イスに座っています。ある施設では、七、八人が一つのテーブルを囲み、そこに一人か二人の介護にあたる職員が加わって話をしたり、手作業や簡単なゲームをしたりして過ごしていました。

別の施設では、ホールのあちこちに座って、所在なげに通りすぎる人をながめたり、居眠りをしたりしている人を見ました。

食事に関しては、別に食堂を設けてある施設だけでなく、ホールのテーブルが食卓に早変わりする施設などもありました。

いずれにせよ、朝、ベッドを離れると、就寝時間になるまでは、好きな時に部屋に戻って横になったり、ちょっと昼寝をしたり、というわけにはいかないらしいのです。

高齢者のなかには、部屋に戻りたがる人もいるそうですが、自室に戻れないよう、部屋に鍵をかけることもあるとの説明を受けました。

しかし、寝たきりならぬ座りっきりの姿勢が必ずしもいいわけではなく、なかには自分の頭の重さからか、首の骨が前かがみの位置で固まってしまい、さらに顎と胸が接して圧迫される部分に潰瘍ができている人など、見ているほうが苦痛を感じるようなケースもありました。

次に、なぜ点滴や経鼻管栄養を受けている人が少ないのか。これも私たちにとっては大きな疑問でした。

わが国の老人病院ではごく普通に見られる光景が、なぜヨーロッパには少ないのだろう。私たちの常識に照らせば、寝ていようがイスに座っていようが、老化が進行すればある時期から食事や水分の飲み込みがうまくできなくなったり、飲み込もうとしなくなったりするはずです。

この疑問に対する答えは明解でした。食事にせよ水分にせよ、できるだけ食欲をそそるように見せ、また飲み込みやすいかたちにするなどいろいろ工夫を凝らしてあり、なおかつ口に運ぶ介助は十分に行っている。しかし、自分の力で飲み込めなくなったらそれ以上の手段はとらないというのです。つまり、点滴や経鼻管栄養で延命を図ることはしないのです

要するに、少なくとも高齢者に対しては、命を長らえるためだけの処置はしない。はっきりいえば、食べられなくなったらほどなく最期を迎えるのです。それなら寝たきりにならないのも納得できます。

しかし、それだけ思いきった対応ができるのはいったいなぜなのか。ある医師が、その答えを語ってくれました。

「人間には死よりもつらいことがある。自分の能力を超えて生かし続けられることだ」

私にとってはまさに驚きの連続のヨーロッパ視察でした。

その後、何回か高齢化と社会福祉の先進国である北欧の国々、あるいはアメリカ、オーストラリア等の施設や制度を視察する機会があり、私どもの病院の運営にも取り入れてきました。しかし、要は文化のちがいの部分もありますし、社会としての成熟度のちがいもあります。高齢化対応という点では日本はまだ後進国なのでしょう。

第四章

認知症を恐れるのはむだ
対応次第で困難は軽減できる

認知症で何が悪い

75歳からぐんと高まる認知症発症率。
おすすめの予防法は一人暮らし。

認知症への恐れ

〝老い〟の最大の不安といえば、認知症や寝たきりになることのようです。特に近頃は、マスコミで取り上げられることも多くなったせいか、その傾向が強いようです。

ところで「認知症」という言葉ですが、厚生労働省が、これまでの使われてきた痴呆症や「ボケ」といった呼び方はイメージが悪い、差別的だというので「認知症」という呼称に統一させたのは二〇〇四年のことです。

さて、なぜ認知症は困るのでしょうか。

第一の理由は、自分自身が失われていくことへの恐れです。人間は過去の経験を記憶というかたちにして残し、それに基づいて自分自身の存在を確認しながら生きています。しかし認知症が始まるとこの肝心の部分である過去の記憶が失われる。つまり自分の存在を確認する基盤が失われていく、自分がなくなっていくといってもいいでしょう。考えようによっては、こんな悲惨なこと、残酷なことはありません。

第二の理由は、それが他人に迷惑をかけることを知っているからでしょう。認知症が進むと本人がどんなに努力しても判断が狂い、周囲からみるとおかしな言動が出現し、それが極めて惨めに映り、かつ結果的に周囲に迷惑がかかることになるのが普通です。

いずれにせよ、あんなになって生きていたくないと思うのは人の常です。でもそうなった時に当の本人がそれを自覚出来るか、あるいはどのように受け止めているかはまったく別の問題です。認知症になった本人には別の世界がひろがっている可能性は十分あります。

認知症と寝たきり、どっちが大変？

一方、寝たきりはなぜ困るのでしょう。

その最大の理由は体が自分の思うようにならないじれったさ、それに対する悲しみ、怒りです。家族やまわりがいろいろ気遣いお世話をしてくれたとしても、当然のことながらそのことに対する気兼ねや申し訳なさは大変なものでしょう。加えて自分でも少しはやらねばならないところもあるでしょう。その簡単なことをするのに時間がかかる、あるいはそれも他人に委ねるとなるとしょせんは他人のリズムやペースで事が運ばれることになり、その情けなさたるや想像を絶するものがありましょう。しかし受け入れるしかないのです。

では介護する側から見たら、認知症と寝たきりはどっちが大変なのでしょう。一般論としていえば答えは認知症です。

体は動くが、認知症がある場合、当人は周囲の都合に関係なく、自分の判断で行動します。二十四時間三百六十五日、いつどんな行動に出るかは予測不能となると、周囲の人はそれに振りまわされ、一瞬たりとも気が休まらないということになります。たとえば、本人の意思次第でいつ家から出ていって迷子になるかわからない、いつ起きだして冷蔵庫にある生の食材を口に入れるかわからない等です。

これに比べれば寝たきりの介護はまだ少しはよいともいえます。当人は動けないのですから、介護する側の都合に合わせざるを得ない。早い話がオムツを一日何回交換するか、週何回入浴させるか等、介護する側の自由裁量、手抜きすら可能ともいえるからです。

対策の一番は長生きをしないこと

私は精神科出身ということもあって、病院開設当初からどこよりも多くの認知症の高齢者に対応してきました。

講演等を頼まれて出かけると決まって出る質問に「認知症にならないためにはどうしたらよいか」というのがあります。その際には次の四つを挙げることにしてます。

その第一は長生きをしないことです。

初めから逆説的ないい方で恐縮ですが、認知症の発生率は七十五歳を境に急激に高まります。したがって、七十五歳になる前に死んでしまえば認知症になる可能性はグッと低くなり、その意味では究極の認知症予防法といえます。さりとて、自分の寿命ほどままならぬものはなく、また多くの人は長生きはしたい、でも認知症にはなりたくないのでその予防をというのですから、あまり意味がありません。

第二は、楽隠居するなら遅くとも六十代前半までに始めることです。定年退職してビジネスの第一線を退くと、生活のリズムも内容も一気に変化します。この新しい生活を組み立て、それに慣れるまでには精神的にも肉体的にも多大なエネルギーが必要ですが、七十代になると、特に男性はそのための気力も体力も不足してきます。その結果、いわゆる緊張の糸が切れ、一気に認知症が始まることも少なくないのです。

楽隠居するつもりならまだ余力のある六十代前半までに次の十五〜二十年間の生活のスタイルに移っておくべきですし、七十歳まで働いていたい、あるいは引退できないという人は、他人の迷惑など顧みることなく一生現役をめざしてやるべきです。

第三は、自分が動かなければ、社会的に困る仕組みをつくることです。楽隠居をした人も、自分を有用な存在たらしめることが大切です。趣味の世界に生きるとしても、自分がやらなければ物事が始まらない、自分が世話を焼かなければ困る人がいる、自分がいなければ店や会社が立ち行かないなどということになれば、緊張の糸も切れず、認知症にならずに体力の限界に近づけるでしょう。

こういった状況のもとでは認知症になるひまはありません。孫の世話を引き受けた途端にボケの症状が消えたとか、倒れた伴侶の世話に迫られた途端にシャッキリしたなどの例は、この間の事情をはっきりと物語っています。

その延長線上で、私が最も推奨する認知症予防法は一人暮らしです。

認知症予防に決め手なし、今を楽しむべし

世間では、認知症対策としては手作業をするとか、歩いたり考えたりすることが有効であるといわれていますが、ピアニストにだってボケる人はいますか

ら、世にいわれる認知症予防策に確実なものはないと思います。好きでピアノをやっている分には大いに結構。思う存分楽しんだらいいでしょうが、認知症防止のためにやりたくもないピアノをやるというのはどうでしょうか。

いずれにせよどれも決め手にはなりません。かといって、毎日認知症になったらどうしようと心配しながら生きるのは愚の骨頂です。そこで発想転換です。

その第一は、長生きをする限り、認知症は避けて通れない道であると覚悟を決めることです。そして、運良くならなければ儲けものと思えばいいではありませんか。

認知症の始まった初期には本人もなんとなく自分でも変だという感じが強く、不安を持つつらい日々が続きます。それゆえ、抑うつ的になる人も少なくありません。しかし、もっと症状が進行するとちがった世界が生まれてきます。

以前、鎌倉にある有名な禅寺を訪ねる機会があり、高僧と呼ばれる方にお会いしたことがあります。お会いした途端、私はふっと思いました。「はて、こういうお顔はどこかで見た顔と同じ、しかも毎日見ている顔だ」と。そしてすぐに、「ああ、そういえば、私の病院の、かなり進行した認知症がある人と同じ顔だ」と気づきました。やっぱりそうか、認知症になるということは、悟りの世界に入るのと同じことなのだと、私はしみじみ思ったものです。

夜のナースステーションに「何かちょうだい」といってくる認知症の人がいますが、その時、たとえばお菓子を一つあげると「どうも、ありがとう」とニッコリ、それこそいい顔になる。それはまさしく悟りの表情です。しかも、満たされたらそれ以上は欲しがらない。素直に生きるということは、こういうことだとわかります。

自由な境地に遊ぶという点では、認知症の人も高僧に近いのです。高僧が認知症に近いわけではけっしてありませんが…。

過去や未来のことにはとらわれず、暑い時は暑い、寒い時は寒いという素直な心です。しかも、夏だから暑いというのではなく、自分が暑いと思えば暑い、お腹が空けば「何かちょうだい」。瞬間瞬間、一瞬一瞬に生きている。それが究極の認知症の世界らしいのです。こうなると痛みなどにも極めて鈍感になります。それまで永年にわたり体のあちこちの痛みにさいなまれた人でもそのことを忘れてしまう。骨折やがんの痛みすらもほとんど感じなくなる場合も少なくありません。さらには晩年に起こる人生の不幸、たとえば最愛の家族の死等にも関心を示さないといったことすら起きます。

第二の発想転換は、認知症になることを心配して生きるより、認知症になる前にやりたいことを目いっぱいやることです。

年をとれば、たとえどんなに経済力があったとしても、体力、知力はまちがいなく落ちていきます。六十歳の時にやりたいと思ったことは、七十歳になったらもうできない。七十歳の時にやりたいと思ったことは、七十五歳になったらできないのです。だったら、やりたいことは今すぐやる。そのほうが絶対いい。しかも世の中を見ると、やりたい放題に生きている人が結局、最後まで元気なようなのです。

リタイアしたら野菜づくりにチャレンジしようとか、渓流釣りを思う存分楽しもうとか、いう人がいますが、私にいわせればそれは愚の骨頂です。その時になったらできるかどうかわからないし、体力だって気力だって衰えています。やりたいことがあったら何年後になんて考えず、今すぐやることです。これに限ります。

認知症に
歩調を合わせればいい

認知症そのものが災いをもたらすわけではない。
すべては対応次第。

認知症は治らなくても先手必勝

認知症は本人がそのことを素直に認めたり、口に出していうことは滅多になく、ましてや「どうも最近おかしいから、専門医のところへ連れていってくれ」などということはまずありません。専門医のところへ受診するのは、家族に促されてしぶしぶ、しかたなくやってくる、というのが普通です。本人にしたら認知症であることを認めたくないし、「あなた、最近おかしいんじゃないの?」なんていわれたら、プライドを傷つけられます。

なんとなく自分でも思いあたる節はあるけれど、人にはいわれたくないものです。

したがって認知症対策をするのは本人ではなく、家族が中心になります。ところが、家族にとっても認知症はなかなかわかりにくく、はっきりとした症状が現れるまで気づかないことが少なくありません。最近ちょっと様子がおかしいなと思っても、認知症を疑うまでに至らないのが一般的で、専門医から「こういう行動、だいぶ前からありませんでしたか」と尋ねられてはじめて、「そういえば、あの時からすでにおかしかったのかしら」と気づくケースがほとんどです。

認知症は、発熱、腰痛、咳と同じように症状を表す言葉です。そのような症状を引き起こす病気や原因は百以上知られていますが、主なものとしては二つあります。

脳血管が詰まったり破れたりすることによって起こる脳血管性認知症と、今もって原因は不明ですが、脳神経細胞が死滅し、脱落して起こるアルツハイマー型認知症です。治療方法は少しちがうといわれていますが、実際の対応となると似たり寄ったり、区別がつかなかったり、つきにくい場合も少なくありません。

いずれにしても、現時点では大部分の「認知症」そのものは治らないけれども、比較的初期であれば進行を遅らせる、あるいは症状を軽くして介護が楽になるような薬や、それなりに対処の方法もあります。それを家族が知り、実行するかどうかで、その後の経緯もちがってくる可能性が大いにありますから、自覚症状があったり、家族にすすめられたら積極的に診察を受けるほうが得策です。あまり判別をする意味でも、早い段階で専門医に診てもらうことが不可欠です。あまり簡単にあきらめないことです。

認知症の早期診断は家族のためにある

実は認知症になってしまっても、周囲の対応次第で悲惨な状況も起こらず、認知症になった本人も惨めな思いをしなくて済むこともあります。

その大前提は、認知症の人の言動はすべて、その人なりの理由があり、当人にとって訂正不可能な、正しいことであると知ることです。つまり、周囲が、そのすべてを受け入れ、その人に合わせることしか対応方法はありません。

「朝ごはんを食べてない」という人に、さっき食べたでしょう、といってもしょうがない。ビスケット一枚でもあげることが、いい対応になります。同様に、ドアの外に誰かが来ているといえば、一緒に見にいってあげる。眠れないといえば、その原因はお腹が空いているからかもしれないし、たまたま眠りたくない気分かもしれない。あるいはお手洗いに行きたいのかもしれない。それは、介護する側の洞察力にかかってきますが、いずれにせよ、無理に寝かそうと思わないことです。何しろ、当人は寝たくないのですから。

認知症のある人がおかしな言動をした時、それを諌《いさ》めたりしてもなんの役にも立ちません。なぜなら、本人は少ない記憶、少ない情報をかき集めて組み立て、それを基に判断して行動しているわけで、何も考えずに行動しているわけではないのです。まわりから見たら支離滅裂な言動であっても、本人にしてみれば極めて合理的な発言であり行動なのです。

たとえば、認知症が進んだ人が自分の子どもや親戚の人に向かって、「あらまあ、よく来てくださいましたわね。どこのご親切な方か存じませんが、お茶をどうぞ」といったりします。そんな台詞を聞かされたほうにしてみれば、びっくり仰天。「何をいってるの、お母さん。私よ、私」と叫んでしまいます。けれど、お母さんのほうは消えずに残っている少ない情報を必死にかき集めていったことであり、おかしなことをいっているつもりなどまったくありませんから、逆になじられる意味がわからず、不安に駆られてしまいます。あるいは、自分のいっていることを否定されたと受け止めて、怒りだすこともあります。よく、認知症になると暴力的になるといわれますが、それは認知症という病気本体に起因するものではなく、周囲の対応のまずさ、とりわけ初期対応のまずさによって引き起こされる副次的なものと考えられます。

そこを理解している人は、「ありがとうございます。おいしいお茶ですね」と本人の言葉を否定することなく、うまく対応することができます。

また、認知症の最大の特徴は記憶が飛ぶこと、それも比較的新しい記憶から消えることにあります。朝食を食べたばかりだというのに、「私は朝から何も食べさせてもらっていない」といいだして、お嫁さんを怒らせてしまうのです。でも、「朝から何も食べさせてもらっていない」というのは、けっして嘘をつこうとしているのではなく、本人の記憶のなかでは本当に食べていないのです。これを理解することが、ボケのある人に対応する際の一番のポイントです。

このように、周囲の人々、特に家族等の身近な人の意識の変革がいかに大切か、おわかりいただけると思います。つまり対処の仕方を習うという意味で、認知症の早期診断は患者さん本人のためではなく家族のためにある、といっても差し支えないと思います。

認知症の介護はプロのワザ

どんなに認知症の本質や認知症の人に接する時のポイントをわきまえていても、上手に対応できない人がいます。それは誰かといえば、身内です。息子、娘にとっての父親、母親は尊敬の対象であり、仰ぎ見る存在です。その威厳のあった父、やさしかった母が目の前で崩れていくのですから、大変なショックです。また、なんとかして元の親の姿に戻そう、戻してやりたいという意識が強く働いてしまいます。

それに家庭の場合には、介護する側の生活リズムがありますから、すべてを認知症の人に合わせるわけにもいきません。むしろ、介護する側のリズムに認知症の人を合わせようとする。だから無理が出てくるのです。

一方、やさしく接することができるのは他人です。深い思い入れがない分、平常心で対応できる。なかでも介護をビジネスにしている人は、仕事として向きあっていますから、一番対応がうまい。これはまちがいありません。

こういう話をすると必ずといっていいほど、「身内が一番親のことを知っているし、愛情もかけられる。介護のプロといっても、あの人たちはお金のために介護をしているだけで愛情なんかないんだから、やはり身内が面倒をみたほうがいいんじゃないんですか。私だって介護ぐらいできますから」と反論してくる方がいます。気持ちはわからないでもありませんが、事はそう簡単ではありません。

またもや繰り返しになりますが、世間では、やさしいこころさえあれば、介護は誰にでもできると思われているフシがありますが、それは介護というものへの大いなる誤解です。私にいわせれば、良き介護には相手を思うこころに加えて、知識や技術、道具、仕組みが不可欠であり、まさにプロの世界の技《わざ》。特に認知症相手では、素人芸の介護は、みる側、みられる側双方にとって、労多くして益少なしで、良い結果はなかなか生まれません。

「でも、他人に預けるというのは、何か親を裏切っているというか、親に申し訳ないような気持ちになって、なかなか踏み切れないんですけれど…」とおっしゃる方も少なくありません。その親を思う気持ちもまた、痛いほどわかります。けれど認知症の介護は、いったん始まると、二十四時間、三百六十五日ずっとそばに付き添い、しかもこの先何年続くかゴールが見えないのが普通です。まあ、一ヵ月とか二ヵ月の短期間だけなら出来るかもしれません。しかし、自分の生活をしながらの介護ですから、次第に体力も気力も萎えてきます。そして、「これがいつまで続くのだろうか」と考えた途端、誰もが立ちすくんで、目の前が真っ暗になる。これが在宅での認知症介護の現実です。

気持ちだけでなく、トータルに支えていくパワーがなければ認知症の介護は不可能です。特に、かなり進行した患者さんの場合、自宅で一人で対応するのは至難の業《わざ》です。がんばりすぎないうちに周囲に、あるいはプロの助けを求めていただきたいと思います。認知症の人にとっても、その家族にとっても、しあわせな選択をすべきです。

施設に預けるタイミング

余力があって、そうしたいのであれば、家族で面倒をみられたらよろしい。しかし、現時点で元気なあなたは、老いた自分の介護で家族が苦しむのを望まれるでしょうか。理性的に判断できる今なら、けっしてそうはお考えにならないはずです。わが子やその家族が十分に尽くしてくれた後、施設に預けようと決めても、今ならそうしてもらうほうが自分も気が楽だとお考えになるのではありませんか。

けれど、かなりの高齢になり、もしかすると認知症も入っていたら、果たしてそこまでの判断ができるでしょうか。

私の知る限り、高齢になった本人に尋ねれば、「施設なんか嫌だ、家にいたい」というに決まっています。その言葉を聞いて情にほだされた家族が、深い介護地獄に落ちてしまった例をたくさん見てきました。

実は、私どもの病院にご家族が入院の相談に来られた場合も、そのへんを注意深く観察することにしています。そして、この方はもうちょっと自分で面倒をみたいと考えているんじゃないかなと判断した時には、「どうでしょう。もう少しご自宅でみられたらいかがですか。それから入院してもけっして遅くはないと思います。それで、もう無理だ、限界だと思ったら、すぐにご相談ください」というようにしています。

まだ余力のあるうちに入院されると、ご家族が自責の念で苦しむことになりかねないからです。さらに、早すぎる入院はのちのち、介護をしていくうえで不都合が生じやすいのです。つまり、「あれもやってくれない、これもやってくれない、自分ならできるのに」と、往々にして預けた先に不満を抱きがちになるのです。入院後に不満が出るようでは、預けた側にとっても預かる側にとっても不幸です。

家族が、いつの日かあなたを施設へ預けることで自分を責めるようなことがないように、元気な今のうちに、この先、どんな過程を経て終末へと向かっていくのかを冷静に知っておく必要があるのです。

最終章

最晩年を豊かに

人生こそは終わり良ければすべて良し

入院患者の4割は90歳以上。
6000人の看取りを通して。

最晩年を過ごす病院という名のホーム

この春、青梅慶友病院は開院から三十三年、よみうりランド慶友病院は満八年を迎えました。最終章にあたり最近の病院の状況をお話するところから始めたいと思います。

合わせて一千人弱の入院者の大部分は八十歳以上、全体の四割が九十歳超の高齢者で占められています。介護と医療を同時に必要とする高齢者が大部分であり、入院してきた人のこれまた大部分がこの病院で最期を迎えられます。

私たちの運営する二つの病院の最大の特徴は、ともに病院という名前は付いていますが、イメージは人生の最後の部分、私たちのいう最晩年を過ごすための介護と医療がしっかり付いた老人ホームといったところでしょうか。

今まで述べてきたように人生の最終局面では実にいろいろなことが起きます。加齢による衰えが徐々に進み、病気や介護のため自宅でみられなくなる人もいれば、突然倒れて寝たきりになる、あるいはがんを宣告され、もう手立てがないから自宅に帰るよういわれたものの、とても家族の手では引き受けられないといった人もいます。その途中経過はさまざまですが、共通しているのは、自宅や他の病院・施設でみてもらうのが困難になった高齢者ということです。

そして、この人生の最終局面に起きる障害や病気の一切合財をまとめてお引き受けし、残りの人生を少しでも豊かに過ごしていただくというのが私たちのやろうとしてきたこと、つまり「豊かな最晩年をつくる」が目標というわけです。

余談ですが、この「最晩年」という言葉自体私たちの造語かもしれません。この言葉が一般的でないとすると、我が国では人生の一時期のとらえ方としての概念もなかったということかもしれません。

今まで六千人もの高齢者の最期にかかわり、ベッドはいつもフル稼働で入院待機者もいる状況ですから、今までのところはそれなりに社会的評価も得てきたと自負しています。

さて、では具体的には何を考えどんなことをやっているのでしょうか。その主なものを挙げてみたいと思います。

居心地のいい場所をつくる

自分の意志でここに入院してくる高齢者はほとんどいません。大部分は、いろいろな事情で家族では、あるいは家庭ではみられないので連れて来られるのです。なかには家族に騙されて連れて来られる人さえいます。

しかしいったんお引き受けしたからにはこれ等の高齢者にとって、この世で最も居心地の良い場所にするしかありません。あまり施設っぽくしない、あえていえば家庭的な中級ホテルのイメージでしょうか。

環境について私たちが最も気を使うのは不快な臭いの除去です。七割の人がオムツを必要とし、自分での歯磨きもままならない、しかも加齢臭を発する高齢者の集団生活となると、放置すれば建物の中に入った途端に感じるあの特有な臭いは不可避です。

これを少しでも減らそうとすれば、その発生源である高齢者を徹底的に磨くしかないのです。大小便の臭いがしたらすぐオムツも衣類も取り替える。口の中をきれいにする。肌を磨き衣類を清潔にする。これを愚直に繰り返すしかないのです。

居心地の良さへの次なる留意点は、個人の尊重です。年齢が高くなればなるほど、一人ひとりの個性や価値観の違いが大きくなります。過去からの生活習慣もちがいます。これをどこまで尊重することが出来るか。もちろん施設に入ることは共同生活そのもので、起床、食事、入浴、就寝等ある程度、流れは決まっていますが、私たちが特に心がけていることは、ともかくそれを強制しないこと、十把一からげにしないこと、ご本人のリズムに合わせること、ご本人に無理をさせないことに尽きるようです。

この場合問題になるのはご家族の望む生活とのギャップです。ご家族は自分の親に規則正しい生活に加え、三食ともしっかり栄養のバランスの取れたものを食べてもらうような生活を望みます。入浴もできれば毎日のようにしてもらいたいのです。

一方、当の本人といえば家族や他人に気を遣うことなく、目が覚めたら起きだし、その日の気分で好きなものを食欲に応じて食べる。入浴は面倒だから気の向いた時だけ入り、眠くなったら横になるといった生活がいいのです。家族の希望や期待もわからないわけではありませんが、本人の気持ちももっともです。不思議なのはこうすることで元気になる人もいることです。たとえ家族から見れは気ままな生活の果てに衰えが加速されたとしても、それは一つの寿命だと思うのですがいかがでしょうか。

惨めで苦しい長生きよりも豊かな一日を

私たちの病院には介護と医療を同時に必要とする高齢者が入って来られます。また病気や障害の程度となると、それこそがんやいろいろな病気の末期、さらには重度の肺炎や心不全を抱えて多数のチューブがついた人から、自宅で介護していて食事が摂れなくなった人まで実にさまざまです。共通しているのは、年齢的にも病状からみても先が見えた高齢者、まさに人生の最晩年を迎えている高齢者ということです。この人たちに少しでも苦痛のない、そして惨めでない一日を送ってもらうことをめざしています。今日一日生きていて良かったと思ってもらうことが出来ればさらに良しです。

この実現に欠かせないのが医療です。ここでは医療の果たすべき役割が大きくちがいます。相手が回復力の旺盛な世代の場合には、一時的にかなり苦痛を与えたとしても、医療は最新技術を駆使してともかく延命し、治療を施す。そのことでその先の自然治癒力に期待することができます。しかし、相手が八十歳、九十歳の高齢者となると自然治癒力は著しく低下し、医療行為そのものが体に苦痛と負担を与え、かえって寿命を縮める可能性もどんどん大きくなります。

ここでの医療の役割は、まずは無理な延命を避けること、そしてなんといってもその人の寿命をしっかり見極め、苦痛と体への負担を少しでも減らすことでゆっくりと、そして穏やかな最期への道筋をつけることです。

家族との良き時間を過ごす

自宅から離れて施設に移り住んで何が「家族と良き時間を過ごす」だと思われるかもしれませんが、それが可能なのです。

自宅で家族による介護を受ける場合、当人と家族との関係は悪化していくことが少なくありません。その原因は介護疲れ。どんなやさしいこころや親への思いがあっても、二十四時間三百六十五日のなかで介護が長引き、精神的、肉体的に疲れ果ててこころの余裕を失ってくると、両者の関係が悪化するのは避けられません。介護するほうもされるほうも顔つきは険しくなってきます。時には介護の負担をめぐって夫婦間、兄弟間、家族間でも関係はギスギスしてきます。

この介護をめぐる肉体的、精神的負担をすべて施設に預けたとしましょう。一週間、一ヵ月と経つうちに、預けた家族に精神的にも肉体的にも余裕が出て、やさしいこころが戻ってきます。顔つきが柔和になりますから、預けられたほうもその変化を敏感に感じ取り、双方に笑顔が戻ってくるのです。

あとは都合の良い時に一回でも多く面会に来てもらい、良い時間を一緒に過ごしてもらうことです。一緒に散歩できる庭や空間の存在、あるいは音楽会や食事会のイベントはそのための機会です。当院では食事や飲み物の持ち込みも自由ですし、介護にも参加できます。この狙いとするところは、ともかく預けられた高齢者と家族の関係を密に保ち、家族による介護で傷んだ人間関係を良好な状況に修復してもらうこと、つまりは人生の途中経過で生じたさまざまな「わだかまり」を解消し、和解するための時間なのです。そうしたなかから「もっと長生きしてもらいたい。もっと一緒の時間を持ちたい」という気持ちがよみがえってきます。

穏やかで静かな最期をどう手に入れる

「穏やかで静かな最期」は昔から大往生といわれていました。しかし、今やこれが大変、その最大の理由は、今もってわが国では高齢者に対する医療のかかわり方が確立されてないことにあります。

この数十年間、日本の経済的発展とともに医療は誰にとっても身近なものになり、また「生かす医療技術」もものすごい進歩を遂げてきました。しかしこの医療が高齢者の穏やかで静かな最期を妨げていることも否めません。

わが国の医療の専門職、とりわけ多くの医師は、「生物学的な死」を敗北としてとらえ、それを回避する、あるいは少しでも先に延ばすことを価値観として叩き込まれてきました。そして誰が見ても年老いた結果として衰え、死に向かう高齢者にもその価値観で対応しようとするのです。

十分に長く生き、老衰の結果として食事が摂れなくなり、呼吸すらあやしくなった高齢者が病院に運び込まれた途端に、多くの管がつけられ、薬剤や水分、栄養分をたっぷり注入され、それによって引き起こされる症状に対してさらに次なる医療行為が行われ、その挙句に最後の瞬間がやってくるのです。ここには「穏やかな」「静かな」最期など存在しないといってもいいほどです。

しかし医師ばかりを責めることはできません。その手の医療行為を求める家族もあれば、それを求める世論もあるからです。しかしそこからは残された者の納得感も良き余韻も生まれないのです。

こんな状況に一石を投じる意味合いもあって、私たちは現在の日本に大往生を実現する道を探っています。

まずなすべきことは、家族との信頼関係のなかで、よき旅立ちへの道筋をつけることです。じっくり観察していると、その人の寿命が見えてきます。そこから先は最も本人への負担と苦痛のないかたちで見守ることしかないのです。人間の体も苦痛なく、枯れるように穏やかに静かに幕を閉じることが十分可能にできているのです。それは家族にとっても私たちお世話させていただく者にとっても極めて荘厳なものです。

私はこんな人生の閉じ方を願っています。そして、より多くの人にもそのような最期が訪れることを願っています。

あとがきにかえて

本書の企画話をいただいてからなんと三年余が経ってしまいました。

この間に、高齢者の介護をめぐる問題は大きく変わりつつあります。十年くらい前までは、家庭で介護しきれなくなった高齢者を預けようと思っても預け先の絶対数が足りませんでした。しかし最近は、公的介護保険からの給付が受けられるとあって、都市部では介護付有料老人ホームが雨後の筍のように建設され、預け先には困らない状況になっています。今や問題はその中身が見えにくくなっていることです。実際に入ってみないとほんとうのところはわからない…。

元気なうち、手のかからないうち、あるいは介護だけで済むうちはよいとしても、医療が必要となった時にはどんな対応をしてくれるのかと思うと不安です。診療所が併設され、看護師が常駐しているといっても出来ることはタカが知れています。

重篤な状況になり、提携病院に移されて望んでもいない延命措置を施されてからでは、もう遅いのです。親を預けるにしてもわが身を託すにしても、その中身、質を見分ける目を養わない限り、良き最晩年は望めなくなってきているのです。

私自身も七十歳を超えました。気持ちのうえでは五十歳代と少しも変わっていないのに、いつの間にやら七十歳代の世界に突入していることの不思議さを実感しています。

私の母が九十歳を過ぎた頃「この年になってみないとわからないことが沢山ある」と繰り返し口にしていました。私もこの先、年をとるという未知の経験を積み重ねながら、やがてやってくる最晩年にわが身を安心して預けられる仕組みと施設作りを探求し続けたいと思います。

最後に、本書出版を強く願い続けてくれた編集者たちの期待に応えることができたことをうれしく思うとともに、ご尽力いただいたダイヤモンド社の浅沼紀夫編集長と小林建司さん、大森香保子さんに感謝を申し上げます。

大塚 宣夫（おおつか のぶお）

1942年岐阜県生まれ。1966年慶應義塾大学医学部卒業。翌年同大学医学部精神神経科学教室入室。1968年から1979年まで（財）井之頭病院で精神科医として勤務。その間、フランス政府給費留学生として2年間渡仏。1980年青梅慶友病院を開設し院長に。1988年には同病院を医療法人社団 慶成会に変更し理事長に就任。2005年よみうりランド慶友病院を開設。2010年慶成会会長に就任。「老人の専門医療を考える会」前会長。著書に『老後・昨日、今日、明日—家族とお年寄りのための老人病院案内』（主婦の友社）、監修書に『百歳回想法』（木楽社）。

人生の最期は自分で決める
60代から考える最期のかたち

2013年3月28日　第1刷発行
2023年5月26日　第4刷発行

著　者 —— 大塚宣夫
発行所 —— ダイヤモンド社
〒150-8409　東京都渋谷区神宮前6-12-17
https://www.diamond.co.jp/
電話／03-5778-7235（編集）03-5778-7240（販売）

装丁 ——— 安井みさき
製作進行 —— ダイヤモンド・グラフィック社
印刷 ——— 信毎書籍印刷（本文）・新藤慶昌堂（カバー）
製本 ——— 本間製本
編集担当 —— 浅沼紀夫

ISBN 978-4-478-01464-6